U0578009

史家之绝唱

无韵之离骚

少年读史记故事

名臣风骨

沈忱 编著

北方联合出版传媒(集团)股份有限公司
万卷出版公司

© 沈忱 2021

图书在版编目（CIP）数据

少年读史记故事. 名臣风骨 / 沈忱编著. —— 沈阳：万卷出版公司，
2021.1（2021.9重印）

ISBN 978-7-5470-5549-6

Ⅰ. ①少… Ⅱ. ①沈… Ⅲ. ①中国历史 – 古代史 – 纪
传体②《史记》– 少年读物 Ⅳ. ①K204.2-49

中国版本图书馆CIP数据核字（2020）第245048号

出　品　人：王维良
出版发行：北方联合出版传媒（集团）股份有限公司
　　　　　万卷出版公司
　　　　　（地址：沈阳市和平区十一纬路25号　邮编：110003）
印　刷　者：辽宁新华印务有限公司
经　销　者：全国新华书店
幅面尺寸：145mm×210mm
字　　数：120千字
印　　张：6
出版时间：2021年1月第1版
印刷时间：2021年9月第4次印刷
责任编辑：齐丽丽
责任校对：张兰华
装帧设计：范　娇
封面设计：Amber Design 琥珀视觉
ISBN 978-7-5470-5549-6
定　　价：28.00元
联系电话：024-23284090
传　　真：024-23284448

常年法律顾问：王　伟　版权所有　侵权必究　举报电话：024-23284090
如有印装质量问题，请与印刷厂联系。联系电话：024-31255233

为什么要读《史记》？

两个为什么

现在，我要开始写这本书；而你，要开始读这本书。

我们面临一个共同的问题——

对我来说，是："我为什么要写这本书？"

对你来说，是："你为什么要读这本书？"

只要知道了"你为什么要读这本书"，也就知道了"我为什么要写这本书"，以及应该怎样写，应该突出什么、避免什么……

可以说，"你的问题"是解开"我的问题"的钥匙。

是啊，我们为什么要读《史记》呢？在我读过的所有书中，这本书的枯燥程度，大概仅次于《黄帝内经》了。

当然，我指的是还没入门的时候。一旦入了门，就好像进入了一座宫殿，枯燥、干巴的句子，瞬间优美起来；还跟上网的"超链接"一样，能让你从这个句子联想到其他典故，大脑自动点击"链接"，就进入了另一个世界……

　　但要到那程度，估计你都上大学了。现在，《史记》对你来说，依然十分枯燥。书里提到的名人，不说上万，几千总有吧？就算专家，也未必能全记住。

我从哪里来

　　这么枯燥，我们干吗还看它呢？

　　因为，随着年龄的增长，你一定会问一个问题。

　　我是从哪里来的？

　　我是爹妈生的。

　　爹妈是从哪里来的？

　　爷爷奶奶、姥姥姥爷生的。

　　他们又是从哪里来的？

　　祖先繁衍的。

　　祖先又是从哪里来的？

　　——问到这里，你爸妈估计快崩溃了。

　　还好，他们想到了《史记》。

　　答案就在这本书里。

《史记》里寻根

　　《史记》的第一篇，叫《五帝本纪》；里面讲的第一个人，就是我们共同的祖先之一——黄帝。

我们都是炎黄子孙，这个"炎黄"，指的是炎帝、黄帝，他们是黄河流域最早的两大部落首领；在炎黄的基础上，繁衍了"华夏族"；在华夏族的基础上，形成了中华民族。

为了说得清楚一点儿，我举个例子。

我姓高，山东人。山东古称齐鲁，齐、鲁是周朝的两个诸侯国，齐国第一任国君是姜太公。

通过研究史料，我发现，高姓，大多是姜太公的后裔。姜太公的子孙后代，最主要的是姓姜和吕，也有其他分支——多达二十来个，其中就有"高"。

姜太公的后代为什么不全都姓姜，还分出那么多姓？

因为古人使用姓的时候，很不规范；有的根本就没姓，甚至连名都没有。其原因很简单：人少。

高姓，源自姜姓，而姜是炎帝的姓氏。所以，这一姓氏最初的源头，就是炎帝。

于是，通过看《史记》，结合其他史料，我知道我是从哪里来的了；对着小伙伴们炫耀一下，还是很有自豪感的。

祖先在哪里

我找到答案了。可是，你还没有。那么，看《史记》吧！一定要注意里面千奇百怪的姓名，说不定，就和你有关！

不过，还有个问题没解决。

万一别人说："中国十几亿人口，怎么偏偏你是炎帝（或者某位名人）的后代？"

一开始我也有这个困惑。后来，我想通了。

你听说过"填满棋盘64格大米"的故事吧？皇帝要感谢农夫。农夫说，你把这个棋盘填满就行了。怎么填呢？第一格，放1粒大米；第二格，放2粒；第三格，放4粒；第4格，放8粒……总之，下一格翻一倍，就行了。

皇帝一听，这简单！没想到，算到第64格，全国的大米都放进去，也不够……

人类的繁衍是同样的道理，一个生两个，两个生四个，四个生八个……只要环境能够承受、没有意外灾害，会呈"几何级数增长"。几千年前一个几十人的小姓，到现在发展成几千万人，很正常。

好了，现在，让我们一起开始《史记》的"探索之旅"吧！

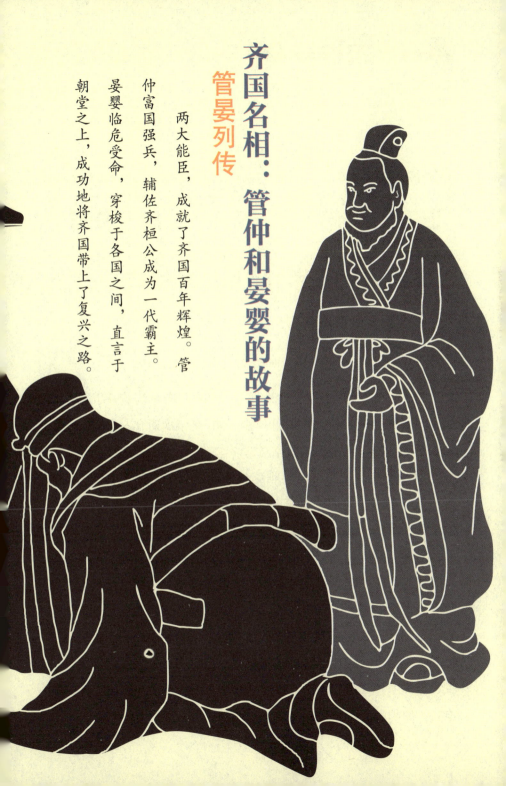

齐国名相：管仲和晏婴的故事

管晏列传

两大能臣，成就了齐国百年辉煌。管仲富国强兵，辅佐齐桓公成为一代霸主。晏婴临危受命，穿梭于各国之间，直言于朝堂之上，成功地将齐国带上了复兴之路。

大度宽容：鲍叔牙成就管仲

◆ 带着问题读《史记》 ━━━━━

管仲为何占朋友便宜？

◎ 鲍叔牙的宽容与大度

管仲，是春秋时代齐国颍上人。他的父亲名叫管严，曾经担任过齐国的大夫。不过，在管仲年少时期，父亲病逝，家道逐渐衰落。等到管仲成年，家中已经非常贫寒。

幸好管仲身边有一位名叫鲍叔牙的朋友始终陪伴着他，两人合伙做起了生意。不过，管仲经常暗中骗取鲍叔牙的财物，每次到了分钱财的时候，要求得到的总是比鲍叔牙的多。

对此，鲍叔牙从来不抱怨，他始终对管仲非常友善。后来，有人问了鲍叔牙原因。鲍叔牙回答："管仲并不是贪财，而是因为家里实在太困难了，还有年迈的母亲。这些钱是我自愿让给他的。"

不过，即便鲍叔牙对管仲如此宽容，管仲的日子也还是越过越艰难。因为管仲并不懂得经商之道，想出的点子大都遭到失败，生意也做不下去了。后来，管仲便离开了鲍叔牙，参加了齐国的军队，但内心之中对鲍叔牙仍充满感激。

画外音：管仲占好友鲍叔牙的便宜，其根本原因并非鲍叔牙所说的家中贫困，而是他品行不端。幸好鲍叔牙不计较，还替他说好话，这一举动后来也感动并改变了管仲。

与好友变成了敌人

离开鲍叔牙后，管仲的日子并不好过。三次去前线作战，三次都兵败逃跑。后来管仲又三次为官，但每次都被君主罢免。最终，管仲投靠了齐襄公的弟弟公子纠。而此时好友鲍叔牙则成了齐襄公另外一个弟弟公子小白的门客。

齐襄公的妹妹文姜是鲁国国君鲁桓公的夫人。文姜嫁给鲁桓公后，又与哥哥齐襄公私通，此事后来被鲁桓公发现。齐襄公担心自己的丑事被揭发，便派大力士彭生将鲁桓公杀害。这一事件引发了管仲的高度警觉。

原来，公子纠的母亲是鲁桓公的女儿。得知鲁桓公被杀后，管仲立即意识到齐国将发生内乱，便急忙与公子纠的师傅召忽一起将公子纠转移到鲁国避难。与此同时，鲍叔牙也带着公子小白离开了齐国去往莒国避祸。

到了齐襄公十二年（公元前686年），齐国果然爆发内乱，齐襄公被大夫连称、管至父、公孙无知等人所杀。逃亡在外的公子小白和公子纠都想回国夺取国君之位。鲁国国君鲁庄公得知此事后，立即派人护送公子纠回国，抢夺国君之位。

不过，还没等公子纠出发，鲁庄公便得知公子小白已先行一步，

从莒国启程赶回齐国。

管仲想出了一个主意，自己率领三十乘兵车去往公子小白回国的必经之路上进行拦截，击杀公子小白，确保公子纠能够登上国君之位。

这个意见得到了鲁庄公和公子纠的同意后，管仲立即率部出发，并在距离即墨三十里处与公子小白的车队相遇。

发现公子小白进入伏击圈，管仲亲自张弓搭箭，一箭射向公子小白，对方应声倒地。管仲自认为大功告成，率部返回鲁国汇报。可他做梦也没想到，射中的是公子小白的带钩，公子小白是咬破舌尖装死。不仅如此，在鲍叔牙的建议下，公子小白一行还加快前进速度，很快便抵达了齐国都城临淄。

此后，鲍叔牙与齐国贵族高氏和国氏达成一致，同意拥立公子小白为君，就是齐桓公。而对齐国发生的惊天变化，管仲还蒙在鼓里。

◎ 鲍叔牙再度帮了管仲

就在公子小白就任齐国国君的时候，自认为大局已定的管仲随同公子纠还在慢慢悠悠地从鲁国前往齐国。经过六天时间，他们才进入了齐国国境。直到此时，他们才发现公子小白已经继位。

得知此事后，鲁庄公怒不可遏，立即从鲁国派出兵马攻入齐国，双方随即在乾时一带展开了一场决战。

在这之前，管仲向鲁庄公建议，利用齐国政局尚未稳定之机抢先发动进攻。不过，这一建议却遭到鲁庄公的拒绝。鲁庄公甚至还讥讽管仲说："如果一切都按照你的预料进行，那么公子小白早就死了。"

没过几天，战斗打响。鲁庄公不仅中了齐军的埋伏，大败而回，齐军还切断了鲁军的退路。齐桓公写信给鲁庄公，要求他杀死公子纠，将管仲和召忽交给齐国，否则将血洗鲁国。

鲁庄公惊恐不已，随即杀死了公子纠，召忽自杀，管仲也被押回了齐国。

对于管仲这个当初差点杀死自己的仇人，齐桓公恨之入骨，欲将其置之死地而后快。此时，鲍叔牙不但加以阻止，还对齐桓公表示自己能力不足，难以帮助齐桓公壮大齐国，唯有管仲具有这样的能力。

就这样，齐桓公不仅赦免了管仲，还用了隆重的礼仪召见。经过三天三夜的交谈，齐桓公对管仲拜服不已，随即任命他为国相，称其为"仲父"。

【原著精摘】

少时常与鲍叔牙游①，鲍叔知其贤。管仲贫困，常欺②鲍叔，鲍叔终善遇之，不以为言。

【注释】

①游：交往，实际是共同经商。

②欺：欺骗。

【译文】

管仲青年时期经常与鲍叔牙交往，鲍叔牙知道他很有才干。管仲因为家贫，经常占鲍叔牙的便宜，鲍叔牙对管仲却一直非常友善，没有说过半句怨言。

富国强兵：管仲成就齐桓公

带着问题读《史记》

管仲是如何成就齐桓公霸业的？

🏵 协助齐桓公成就霸业

管仲担任国相时，齐国面临着诸多问题。首先是国土面积狭小，人口较少；其次是处于东海之滨，资源有限，无法大力推广农业、畜牧业。

针对这种状况，管仲将齐国的发展重心放在了工商业上。为此，他推行了一系列便于施行的改革措施，并取得了良好成效。

经过数年艰苦努力，齐国面貌大变样，老百姓丰衣足食，粮库中堆满了粮食，国力迅猛增强，成为春秋时代最为富裕的国家。

国家逐步富裕，管仲又向齐桓公提出强兵的主张，请求齐桓公加强军备，但此举遭到齐桓公的拒绝。

到了齐桓公二年（公元前684年），齐桓公贸然进攻宋国，遭遇惨败。直到此时，齐桓公才恍然大悟，终于放手让管仲招兵买马，加强军事力量，积极开展对外扩张。

齐桓公五年（公元前 681 年），齐国的军事力量有了极大的提高。同年，管仲出兵消灭了遂国。此举在各国中引起巨大震动，强大的鲁国也臣服了齐国。此后一年间，宋国、陈国、蔡国和卫国先后臣服齐国。此后，管仲又建议由齐桓公出面解决郑国的内乱，最终使郑国也臣服于齐国。

到了齐桓公七年（公元前 679 年），齐桓公在甄城与宋国、陈国、卫国、郑国等国会盟。至此，齐国成为当时公认的霸主。

> **画外音**：管仲在齐国以富国强兵作为目标，终于使得齐桓公成为春秋五霸之一。由此可见管仲的能力不同凡响。

◎ 管仲与鲍叔牙的深厚友谊

管仲功成名就后，对当年的好友鲍叔牙赞誉有加。他曾经公开表示："以前我贫困的时候，曾经与鲍叔牙一起经商，每次都占他的便宜。但他深知我这么做的原因是过于贫穷，并不是因为我贪图钱财。后来我又替鲍叔牙出过不少主意，但每次都是在帮倒忙。而鲍叔牙没有因此认为我无能，而是认为时机不对。我打仗屡遭失败、逃跑，鲍叔牙也没有因此认为我胆怯，因为他知道我家中尚有年迈的母亲。

"当年公子小白与公子纠争夺君位之时，公子纠失败被杀，召忽也因此自杀，我也被关了起来。即便如此，鲍叔牙依然对我

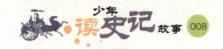

不离不弃。生我养我的是我的父母，而真正了解我的却是鲍叔牙啊！"

　　管仲的这番言论一经传出，齐国人不仅对管仲的诚实非常赞赏，同时也对鲍叔牙举荐人才的大义之举赞不绝口。

　　后来，管仲名扬天下，鲍叔牙却一直默默地居于管仲之下，勤勤恳恳、踏踏实实，为齐国的发展和强盛做出了巨大的贡献。最终，他也和管仲一样，成为齐国有名的大夫。

　　经过管仲、鲍叔牙等人的不懈努力，齐国终于成为春秋时代的霸主。而在管仲、鲍叔牙二人去世之后，齐国一直遵循着由他

们制定和实行的大政方针，连续多年在各国中仍居于领先地位。

一百多年后，齐国又出现了一位著名的政治家。他的名字，叫作晏婴。

【原著精摘】

管仲，世所谓贤臣，然孔子小之①。岂以为周道衰微，桓公既贤，而不勉之至王，乃称霸哉？语②曰："将顺其美，匡救其恶，故上下能相亲也。"③岂管仲之谓乎？

【注释】

①小之：轻视他。

②语：《孝经》。

③将顺其美，匡救其恶，故上下能相亲也：做臣子的如能鼓励、顺从国君的优点，同时又能巧妙地纠正他的过失，那么君臣、君民之间的关系就可亲密无间。

【译文】

管仲是受世人称赞的贤臣，但孔子却非常轻视他。难道是因为当时的周朝已经衰落，齐桓公又非常贤能，管仲却不鼓励他去实现王道，而仅仅是称霸吗？《孝经》中说："做臣子的如能鼓励、顺从国君的优点，同时又能巧妙地纠正他的过失，那么君臣、君民之间的关系就可亲密无间。"这说的不就是管仲吗？

中兴齐国：交友选士有特点

带着问题读《史记》

马夫的妻子为何要与丈夫离婚？

◉ 不顾安危拜祭齐庄公

晏婴，字平仲，是春秋时代齐国莱地夷维邑人。他的父亲名叫晏弱，是齐国的上大夫，于齐灵公二十六年（公元前 556 年）病逝。也就是在这一年，年仅二十三岁的晏婴继承了父亲的职位，当上了齐国的上大夫。

这时，春秋各国的形势有了很大的变化。齐国国力逐渐衰弱，晋国趁机崛起，称霸一方。

又过了一年，晋国出兵讨伐齐国，齐国战败，胆小的齐灵公不顾晏婴的劝阻，躲进了临淄城。随后晋军围攻临淄，将外城烧毁后扬长而去。

又过了两年，齐灵公病逝，齐庄公（后齐庄公）继位。齐国与晋国、宋国、卫国、郑国、曹国等多国一起在澶渊结盟，正式承认了晋国的霸主地位。至此，齐国与晋国也结束了敌对关系。

没过几年，齐庄公却又打起了削弱晋国的小算盘。他收留了被驱逐的晋国下卿栾盈，秘密派遣栾盈及其手下返回晋国的曲沃地区发动叛乱。同时，齐庄公又不顾晏婴的劝告，出兵讨伐鲁国。此举终于激起了晋国的强烈不满。

晋国与齐国反目，晏婴心灰意冷，他辞掉职务，带着全家人隐居东海，以打鱼、耕种为生。

几年后，齐庄公被齐国权臣崔杼所杀。晏婴闻讯后，不顾个人安危，独自一人冲进崔杼家中，扑在齐庄公的遗体上号啕大哭，之后转身而去。慑于晏婴在齐国的名望，崔杼不敢加害晏婴。

◉ 重返政坛成为一代名相

齐庄公被杀，齐景公继位，权臣崔杼也在数年后病死，晏婴被齐景公任用，先后出使过晋国和楚国，出色地完成了使命，被拜为国相。在他的带领下，齐国又重新强大起来。

与一百多年前名相管仲的奢侈作风不同，晏婴生活非常简朴，每次吃饭时，不会出现两道肉食，他的妻妾们也从来没有穿过丝帛这样的高档衣服。这一特点也被齐国士民所敬重。

晏婴每次上朝，都直言不讳。国君的命令有道理，他坚决服从。如果没有道理，晏婴就会反复权衡，找出最佳方案。因此，他历经齐灵公、齐庄公、齐景公三朝，声名显赫。

晏婴交友、选士也很有特点。

齐国有个奴隶名叫越石父，身份低微却很有才华，他因为犯了罪被罚以苦役。有一次晏婴出使晋国，在途中遇见越石父，见他气度非凡，卖了自己的坐骑为他赎身，并带着他回了家。

回家后，晏婴一时疏忽，将越石父留在门口，自己进了内室，过了很久才出来。等晏婴从内室出来，越石父提出要与他绝交。

晏婴非常诧异，连忙向越石父谢罪说："我晏婴虽然说不上厚道，但怎么说也将您从困境中解救出来，对您有恩。您怎么这么快就要与我绝交呢？"

越石父回答："这话可不能这么说。据我所知，君子在不了解自己的人面前受了委屈，可以委曲求全。但在了解自己的人面前，应该得到尊重。之前我被罚做苦役，是因为别人不了解我，情有可原。而您既然将我赎了出来，说明您非常了解我，是我的知己。既然是知己，还如此无礼，我还不如回去继续做苦役的好！"

晏婴听罢非常惭愧，便将越石父请到厅堂作为贵宾对待。

晏婴担任齐国国相期间，有专门的马夫为他出行驾车。有一次他坐车外出，马夫的妻子从家中的门缝中偷偷打量自己的丈夫。等丈夫回家，妻子提出要与丈夫离婚。

马夫非常奇怪，询问原因。妻子回答道："晏相国虽然身高不满六尺，却成了齐国的国相，扬名天下。今天我观察他坐在车里的表情，神态谦恭深沉。而你一个堂堂八尺的汉子，替人驾车却趾高气扬、不可一世，以为自己很了不起，这样的人肯定不会有什么出息！所以我要和你离婚。"

听完妻子这一番话，丈夫恍然大悟，从此态度也变得谦虚谨慎起来。

没过多久，晏婴发现了马夫的巨大变化，他觉得非常奇怪，就好奇地问起了原因。马夫将妻子的话一五一十地告诉晏婴，晏婴深有感触，于是便提拔马夫做了大夫。

> **画外音**：马夫的妻子之所以要与丈夫离婚，主要是认为丈夫自以为是，不求上进。

【原著精摘】

方晏子伏庄公尸哭之，成礼然后去，岂所谓"见义不为无勇①"者邪？至其谏说，犯君之颜，此所谓"进思尽忠，退思补过②"者哉！假令晏子而在，余虽为之执鞭，所忻慕③焉。

【注释】

①见义不为无勇：看见正义的事情而不去做，就是没有勇气。

②进思尽忠，退思补过：在朝廷上就要竭尽忠诚，不当官就要反省补过。

③忻慕：欣喜、羡慕。

【译文】

当年晏婴伏在齐庄公的遗体上痛哭，尽了臣子之礼后才离开，这哪里是"看见正义的事情而不去做，就是没有勇气"之人呢？至于晏婴劝谏国君，敢于冒犯国君的威严，这就是"在朝廷上就要竭尽忠诚，不当官就要反省补过"的人啊！假如晏婴现在还活在世上，就算让我为他驾车，我都心甘情愿。

道法自然：老子和韩非子的故事

老子韩非列传

一脉相承的哲学思想，却不仅演变出截然不同的理念，还预示着两位奇人的不同人生。老子讲究清净无为，一生逍遥自在。韩非子的法家思想源自老子，却推崇刑名之学，最终落得悲惨的结局。

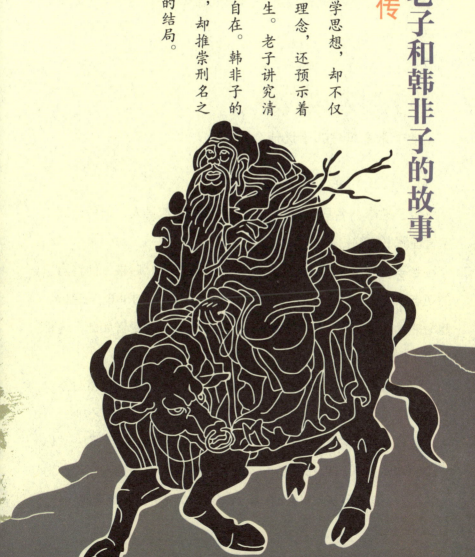

神秘一生：虚无为本任逍遥

带着问题读《史记》

老子究竟想对孔子说什么？

◎ 孔子与老子交谈后的感悟

老子姓李，名耳，字聃，春秋时代楚国苦县人，担任过周王室管理藏书室的史官。

老子一生推崇道，以虚无为本，主张无为。后来，他将自己的观点系统化，创立了道德学说，以韬光养晦、不求闻达为宗旨。他写的《道德经》，文辞微妙却非常难懂。不过尽管如此，这种学说在当时却广为流传。

随着老子学说的传播，老子也成了当时的名士，经常有不少名士前来向他拜访和讨教，大名鼎鼎的孔子便是其中之一。

有一次孔子来到周朝的都城雒邑，向老子问礼。老子说："你所说的那些人，尸骨都已腐朽，只有他们的言论尚存人间。作为一名君子，能获得从政机会时，就当官坐车，没机会就像蓬蒿一样，随风飘转。

"我听说，成功的商人总是将货物收藏得非常严实，不让其他人看见，仿佛什么都没有。而一名真正的君子，即使具备高尚的品德，也会非常谦卑退让，就好像愚笨的人一样。抛掉你的傲气和欲望，放下你的架子和狂妄的志向，这一切对你来说都没有任何好处。我要告诉你的，就是这些而已。"

孔子对老子的这番话深有感触。他对自己的学生说："我知道鸟能在天空飞翔，我知道鱼可以在水中游弋，我知道野兽可以在旷野中奔跑。但我唯独不知道龙是如何能够腾云驾雾升天的。今天我见到了老子，他大概就是龙吧！"

> **画外音**：老子与孔子的交谈，首先认为孔子根本没必要学礼，同时告诫孔子为人要谦虚、清净、自然。其境界之高，连孔子都自愧不如。

神秘的老子

老子生活的年代，正值周王朝日渐衰落时期。他担任很长时间的官职后，终于选择了离开。

此后，老子西行，来到了函谷关。关令尹喜感慨地对老子说道："您将要隐居了，请求您为我写一部著作吧！"

于是，老子就在函谷关短暂停留，写下了《道德经》上、下两篇，里面提到"道"与"德"的内容有五千余字。之后悄然而去，

从此再也没有人知道他的下落。

据说老子活了一百六十多岁，也有人说他活了二百多岁。之所以出现这种说法，都是认为他讲究道德，可以延年益寿。

孔子病逝一百二十九年后，周王室一位名叫儋的太史曾经对秦献公说："以前秦和周是一体的，经历五百年才分离，分离七十年后就会出现称王称霸之人。"后来又有人说这位神秘的太史儋就是老子。

老子的儿子名宗，后来成为魏国的大将，封地在段干，其后人以段干为姓。宗的儿子名注，注的儿子名宫，宫的玄孙名假，此人曾在汉文帝时期做过官，其子后来又成了胶西王刘卬的太傅，他们世世代代都居住在齐地。

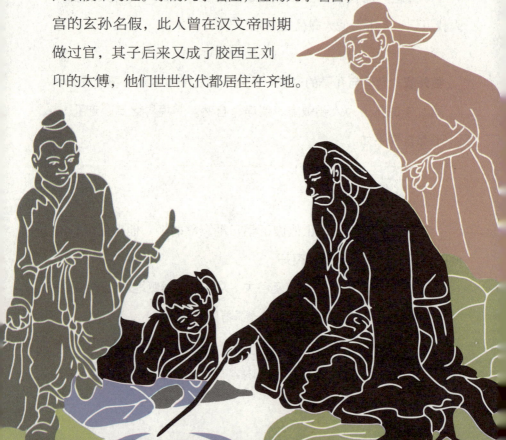

【原著精摘】

太史公曰："老子所贵道，虚无，因应变化于无为，故著书辞称微妙难识。庄子散①道德，放论②，要亦归之自然。申子卑卑③，施之于名实。"

【注释】

①散：推演，宣演。

②放论：随意发表言论，不受约束。

③卑卑：勤奋自勉。

【译文】

太史公说："老子推崇道和虚无，顺应变化于无为当中，所以他写的《道德经》文辞微妙难懂。庄子宣扬《道德经》，虽然放言高论，其宗旨其实归于自然、无为。申不害勤奋自勉，致力于对名实的追求。"

怀才不遇：大志难成遭陷害

带着问题读《史记》

李斯为何要陷害自己的师兄弟？

◎ 怀才不遇的韩非子

韩非子是战国末期韩国新郑人，早年与李斯一起拜荀子为师。虽然学习的是老子学说，但韩非子却对郑国名臣申不害的刑名之说很有兴趣，经过潜心研究，终于建立了自己的一套理论体系。

韩非子天生口吃，不善于言辞。他将所有的精力都放在著书立说上，并写下《孤愤》《五蠹（dù）》《内外储》《说林》《说难》等文章，共计十余万字。

除了著书立说之外，韩非子对于天下大势也非常关心。当时，韩国日益衰落。韩非子心急如焚，便上书劝谏韩王，但韩王却对他的建议置之不理。

对此，韩非子非常气愤，他痛恨国君不能依法治国，掌握权力却不能驾驭臣子；更痛恨国君不能求贤任能使国家强大，反倒任用一些徒有虚名之辈。

韩非子又认为儒生经常引经据典扰乱国家制度，游侠经常依仗武勇触犯国家法令，而国君却用法宽松，对于这些现象过于纵容，造成所用之人并非国家真正需要的人才，这必将导致国家的衰落甚至灭亡。

不过，韩非子的忧国忧民并没有改变韩国日益衰落的现状，韩王对韩非子爱搭不理。但随着韩非子著作的流传，他的学说却引起了秦王嬴政的关注。

◉ 谋害韩非子的是师兄弟

就在韩非子在韩国郁郁不得志之时，他的著作传到了秦国。秦王嬴政看完韩非子所著《孤愤》《五蠹》这些文章后，大为感慨，并表示："如果我能与文章的作者当面交流，今生死而无憾。"

　　这时，韩非子的师兄弟、秦丞相李斯说，这些文章是韩非子写的。

　　秦始皇非常高兴。他下令向韩国发起进攻，目的就是尽快灭掉韩国，找到韩非子。

　　秦国的攻势越来越猛烈，韩王惊恐不已。不过，当他听说秦王此举是为了韩非子时，想出了一个主意，让韩非子作为韩国的使者出使秦国。

　　听说自己仰慕不已的韩非子来到秦国，嬴政非常高兴，以隆重的礼仪接待，并与韩非子进行了一番长谈。嬴政深感韩非子的学说对于自己统一六国、治理天下大有帮助，于是便产生了将韩非子留为己用的念头。

　　不过，韩非子的才能却受到了丞相李斯和大臣姚贾的妒忌，他们抢先向嬴政进谗言。

　　李斯对嬴政说："大王您打算吞并各国统一天下，而韩非子是韩国的贵族子弟，势必会为自己的国家效力，不可能真心实意投靠秦国，这是人之常情。如果大王将韩非子留在秦国的时间太长，他会对秦国的情况了如指掌，日后必定成为秦国的心腹大患，还不如找个罪名将其杀死以除后患。"

　　秦王听完李斯等人的建议，觉得很有道理，便下令将韩非子逮捕治罪。

　　没过几天，李斯又命人给韩非子送来毒药，逼迫他自杀。而此时的韩非子仍想再次面见嬴政，阐述自己的观点和看法，但由于李斯的阻挠，始终未能如愿，最终不得不吞下毒药身亡。

画外音：李斯之所以陷害师兄弟韩非子，主要是嫉妒他的才能，担心他一旦被秦王重用后，自己便没有价值。

【原著精摘】

韩子引绳墨①，切事情，明是非，其极惨礉②少恩。皆原于道德之意，而老子深远矣。

【注释】

①绳墨：规范、法制。

②惨礉：残酷苛刻。

【译文】

韩非子一味用法令作为行为规范的标准，决断事务，辨明是非，但却步入极端，残酷苛刻，对人缺少恩惠。这一切都是源自道德，但老子的学说比法家要深远得多。

一代名将：司马穰苴的故事

司马穰苴列传

齐国得以中兴，司马穰苴功不可没。他治军严明，造就了一支强大的军队，先后击败晋国和燕国的入侵，收复了大片失地。只可惜受奸臣的迫害，司马穰苴郁郁而终。

临危受命：严明军纪斩宠臣

带着问题读《史记》

田穰苴为何杀了国君的宠臣？

◎ 临危受命成大将

司马穰苴（ráng jū），本姓田，名叫穰苴，出生在春秋末期的齐国。田穰苴的远祖名叫田完，是陈厉王的儿子，原来居住在陈国。后来陈国发生内乱，田完逃到了齐国，从此世世代代在齐国生活，并成了齐国的望族。

齐景公期间，晋国出兵侵入齐国，围攻东阿和甄城这两个城邑。同时，燕国也派兵攻入齐国所属黄河南岸一带。齐国两面受敌，遭遇惨败，齐景公忧虑万分。

这时，大夫晏婴向齐景公推荐了田穰苴。他对齐景公说："尽管田穰苴是田家偏房所生，在家族中地位不高，但他才能突出，文德令人信服，武略能震慑敌人，希望大王能够立即任用他。"

齐景公立刻召见田穰苴，与他一起畅谈军事谋略，对他的见解非常满意，便拜他为将军，让他率军去抵抗晋国和燕国的大军。

不过，田穰苴却对齐景公说："微臣出身卑微，您将臣从一个普通百姓提拔为将军，地位高于其他的大夫。这样不仅会让士兵们不服，老百姓也不会相信我。如此一来，我的威信也就无法树立。所以，希望您能派出一位既能被您宠信，又在国人心中具有很高威望的大臣来担任军队的监军，这样才可以出兵。"

于是，齐景公将宠臣庄贾叫来，任命他担任监军一职。

◎ 执法严明，斩杀国君宠臣

田穰苴与庄贾辞别齐景公后，对庄贾说："明天正午时分，我们在军营门前相见。"庄贾点头答应。

第二天一大早，田穰苴便来到军中，设置了计时用的木表和漏壶，等待庄贾的到来。但一直等到正午，庄贾依然没有出现。田穰苴立即推倒木表，放掉了漏壶里的水，开始巡视军营，整理队伍，宣布各种军令和纪律。

直到日落时分，庄贾才来到军营。原来，他自恃是齐景公的宠臣，又是监军，没必要准时到场。因此，当亲友们前来为他饯行时，他便留了下来与众人一块儿喝酒欢聚，结果一直拖到日落时分才姗姗来迟。

田穰苴问庄贾为何迟到，庄贾回答："亲戚朋友们为我饯行，多喝了几杯，耽搁了时间。"

田穰苴说："身为一名将领，从接受任命的那一刻起，就应该忘记自己的家庭；到军中宣布了军令和纪律后，就应该抛弃个人的私情；在战鼓擂响的那一刻起，就应该不顾个人的安危。如今敌人已经深入我国的国境，国内民心不稳，国君吃不好睡不着，将士们露宿在前线，国家的命运掌握在你一人的手上，哪里还顾得上亲朋相送这样的琐事呢？"

说罢，田穰苴又转脸问军法官："按照军法，在约定时间迟到应该如何处罚？"

军法官回答："按律当杀。"

听完田穰苴与军法官的对话，庄贾非常害怕。他派人骑着快马去向齐景公汇报，希望齐景公能及时出面救下自己的性命。

可还没等庄贾派去汇报的人回来，田穰苴已经下令将庄贾处死，并用他的头颅示众。三军将士看到田穰苴执法如此严明，大为震撼。

过了很久，齐景公派来的使臣终于带着符节信物来到了军营，想要赦免庄贾。使臣心中着急，不经通报便飞马冲进了军营。

田穰苴见状，脸色一沉，高声说道："将领受命指挥军队，即便是国君的命令有时也是不用接受的。"

他又问军法官："军中严禁车马在军营中奔驰。如今使臣策马狂奔，军法对此有何处罚规定？"

军法官回答："按律当杀。"

齐景公的使臣闻听此言，心惊胆战。

田穰苴看了看已经吓得浑身发抖的使臣，继续说道："即便是国君的使臣，但是违反了军令依然要接受处罚。"

田穰苴下令，杀死了使臣的随从，砍断了使臣所乘马车车厢左边的柱子，又将三匹马中左边的一匹杀死，并向三军示众。

之后，田穰苴又让使臣将情况汇报给齐景公，自己率领大军开往前线。

画外音: 田穰苴杀死监军庄贾,不仅是为了树立自己的威信,也是严格执行军令。故此,齐景公对于田穰苴也无可奈何。

【原著精摘】

穰苴曰: "将在军,君令有所不受①。" 问军正曰: "驰三军法何?" 正曰: "当斩。" 使者大惧。穰苴曰: "君之使不可杀之。" 乃斩其仆,车之左驸②,马之左骖③,以徇三军。

【注释】

①将在军,君令有所不受:将领在外率兵,可以不接受国君的命令。

②车之左驸:车厢左边的木柱。

③马之左骖:左边的马。

【译文】

田穰苴说: "将领在外统领军队,可以不接受国君的命令。" 他问军正: "策马在军中飞驰该当何罪?" 军正回答: "当斩。" 使者大惊失色。田穰苴又说: "国君的使者是不能杀的。" 于是斩杀了使者的随从,砍断了马车车厢左边的木柱,杀死了左边的马,用来号令全军。

收复失地：惨遭陷害郁郁终

带着问题读《史记》

田穰苴有何战功？

◎ 打败晋国燕国，收复失地

经过连日跋涉，田穰苴的大军终于来到了前线。

驻地营寨、水井炉灶、三餐饮食、疾病医药，田穰苴都亲自过问，严加监督。同时，他又将自己的粮食全部拿出来与士兵们分享，还与士兵们同吃同睡，又派人对体弱、患病的士兵进行统一安置，对全军进行重新编组。

三天后，大军开始整训，连一些体弱的士兵也要求随军出战，大家纷纷发誓，一定要将入侵之敌赶出国境。

晋军得知田穰苴率领的这支军队士气高涨，心里明白难以取胜，还没等开战便撤退回去了。燕军听说晋军撤退，也连忙向黄河以北撤退。此刻，田穰苴率军向燕军展开猛攻，很快便收复了全部沦陷的国土，班师而回。

当大军进城之时，齐景公率领文武百官亲自迎接，犒劳、奖赏凯旋之师。

此后，齐景公又召见田穰苴，晋封他为大司马一职。至此，田氏一族在齐国的地位更加显赫。

> **画外音**：田穰苴率领的部队士气高昂，使得晋军将领心存顾忌。加上战争发生在齐国境内，晋军将领认为获胜的可能性不大，只能不战而退。

◎ 惨遭陷害，郁郁而终

田氏一族在齐国的显赫地位，引起齐国权臣鲍氏、高昭子、国惠子的妒忌。于是，三人经常在齐景公面前诬陷田穰苴。最终，齐景公听信谗言，将田穰苴罢了官。

不久后，田穰苴郁郁而终，但他的死却引发了齐国的混乱。

原来，田氏家族的田乞、田豹对于田穰苴的死愤愤不平，不仅将怒火都发泄到了鲍氏、高昭子、国惠子身上，也非常怨恨齐国国君的昏庸。后来，回乞的儿子田常不仅将高氏、国氏灭了族，还杀死了国君齐简公。数十年后，田常的曾孙田和还取代了姜氏自立为君，自号齐威王。他无论是用兵打仗还是行事威仪，都全面效仿田穰苴的做法，因而国力日益强盛，各诸侯国都来朝见齐国。

为了纪念田穰苴，齐威王下令整理了古代兵书《司马兵法》，并将田穰苴的兵法附在该书中，将其更名为《司马穰苴兵法》。

【原著精摘】

太史公曰："余读《司马兵法》，闳廓深远①，虽三代②征伐，未能竟③其义，如其文也，亦少褒④矣。若夫穰苴，区区为小国行师，何暇及⑤《司马兵法》之揖让乎？世既多《司马兵法》，以故不论，著穰苴之列传焉。"

【注释】

①闳廓深远：博大精深。

②三代：指夏、商、周这三个朝代。

③竟：穷尽。

④少褒：赞美得有些过分。

⑤何暇及：哪里用得上？

【译文】

太史公说："我读过《司马兵法》，内容博大精深，即便是夏、商、周三个朝代出现的大型战争，也未能完全发挥出它的意蕴。但说到这本著作的文采，却略显夸张。至于田穰苴这个人，他不过是为小小齐国用兵，哪里用得上《司马兵法》中的兵制礼仪呢？如今世间既然广泛流传《司马兵法》这部名著，在此我就不再赘述了，只写了一篇田穰苴的传记。"

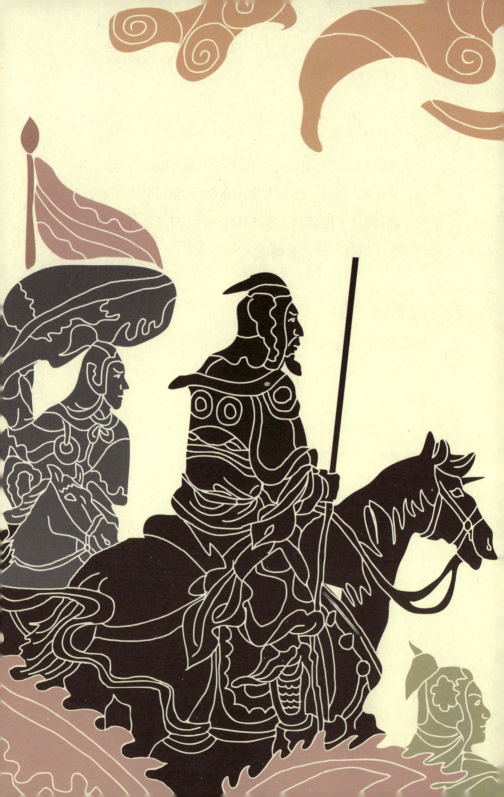

兵法大师：孙武和孙膑的故事

孙子吴起列传

两部兵书，让世界认识了这两位来自古老东方的杰出军事家和谋略家。孙武治军严谨，战无不胜，威震华夏。孙膑忍辱负重，奇谋迭出，击败了强大的魏国，从此名扬天下。

严明军纪：从严治军无情面

◆**带着问题读《史记》**◆

孙武为何要杀吴王的宠妾？

◎ 孙武训练的居然全是女人

孙武，是春秋末期齐国乐安人。吴王阖闾三年（公元前512年），阖闾决定出兵讨伐楚国，大臣伍子胥推荐孙武为将。此时孙武刚刚写了一部兵书，献给了阖闾。

阖闾看完非常高兴，对孙武说："先生所写的兵法十三篇，我从头到尾拜读过了。里面所提到的内容，非常精彩。但不知能否按照您的理论来实际操练一下军队？"

孙武回答："当然可以。"

阖闾又问："能否用我宫中的妻妾、宫女们进行演练呢？"

孙武回答："可以。"

于是，阖闾便将宫中的妻妾和宫女们都集中起来，选出了一百八十人，交给孙武进行操练。

到了操练的这一天，孙武下令将这些人分成两队，发给她们兵器，整队操练。同时，他又让吴王的两位宠姬担任队长，负责领队。

人员集合完毕后，孙武问："你们知道自己的心、左右手和后背的位置吗？"

众人回答："知道！"

孙武又说："等一会儿我发令向前走，你们都要朝着自己心口所对的方向行进；发令向左转，则是朝着左手的方向转；发令向右转，就是朝着自己右手的方向转；发令向后转，自然是朝着自己后背的方向转。你们都听明白没有？"

众人回答："明白了！"

孙武反复介绍完操演要领和规定动作后，便架设起各种刑具，向众人说明违反军令就要按照军法处置。

一切交代完毕，孙武击鼓为号，下达向右转的军令。不料此时不但没有人听从他的命令，众人反倒哄然大笑起来。

孙武见状，非常自责，大声说道："是我交代的动作没能让你们明白，下达的军令也没能让你们熟记于心，这都是我这个主将的责任。"

于是，孙武又再次将动作要领进行了详细的解释和展示，并重复了多次，直到众人表示已经明白之后，他这才击鼓为号，发出向左转的命令。可即便如此，众人依然哄笑不已，没有一个人执行孙武的军令。

一时间，偌大的军营陷入一片嘈杂声中。

练兵不是儿戏

孙武见状，非常严肃地对众人说："之前是因为没有向你们交代清楚规定动作，这都是我这个主将的责任。刚才我又将这些内容清清楚楚、明明白白地复述了多次，你们也都表示明白了。但如今你们却不遵照军令执行，这便是你们的过错了。按照军法，违令者斩。但我也不会将你们所有人都处斩，带兵的队长应该承担责任。"

说完，孙武下令将两名担任队长的吴王宠妾斩首。

此时，正在阅兵台上观看操练的吴王发现孙武要斩杀自己的两位宠妾，大吃一惊，连忙命人传达自己的旨意："寡人已经知道将军善于用兵了。寡人若是失去了这两名爱妾，就会食不甘味。希望将军能够放过她们，千万不能将她们斩首。"

孙武摇了摇头，神色坚定地回答："大王既然任命微臣为将军，将军在军队就有便宜行事之权，对国君那些不合理的建议也有权拒绝。"

说罢，孙武大手一挥，将这两名吴王的宠妾斩首。

随后，孙武又重新挑选出另外两人担任队长，击鼓为号，重新开始操演。

此时，无论是向左转、向右转、前进、后退，或跪或起，众人动作整齐划一，动作完全符合规定要求，再也没人敢哄笑或者喧哗了。

操演完成后，孙武命人向吴王报告说："队伍已经操演完毕，大王可随时亲自检阅。现在的这支军队，大王如何使用都行，即便是让她们赴汤蹈火，她们也会在所不辞。"

此时的吴王还在心疼那两位被杀的宠妾，心中非常不快，脸色阴沉地下令道："请将军解散军队，自己回馆驿休息去吧。寡人实在是没有心情下去检阅了。"

孙武闻听此言，面露遗憾之色，回答道："看来大王只是喜欢我纸上谈兵的理论，而并不看重按照这套理论而进行的实践。"

阖闾听了，默不作声。不过，他心里也非常清楚，孙武的确会用兵。

过了没几天，阖闾任命孙武为将军。

在此后的数年中，孙武率领吴国的军队驰骋沙场，击败强大的楚国，攻入楚国国都郢城，又北上中原，威震齐国和晋国，使得吴国成了当时的霸主。

画外音：孙武斩杀吴王的宠妾，一来是为了显示自己治军之严谨，二来也是为了向吴王表明，即便是一群妇女，自己也能将她们训练成合格的军人。

身残志坚：围魏救赵灭庞涓

带着问题读《史记》

孙膑是如何让庞涓中计的？

◎ 被师兄弟陷害的孙膑

在孙武去世一百多年后，其家族里又出现了一位著名的人物。他的名字叫作孙膑。不过，他的人生经历比起先祖孙武可要坎坷多了。

孙膑早年曾与庞涓一起拜师学习兵法。后来庞涓在魏国担任了将军，深得魏惠王的信任。可他却一直嫉妒孙膑的才能超过自己，便派人将孙膑骗到了魏国严密监视。

等孙膑来到了魏国，庞涓仍觉得不放心，便捏造罪名使孙膑被捕入狱。在庞涓的授意下，魏国判处孙膑膑刑和黥刑，砍断了孙膑的双脚，在脸上刺字，想让孙膑从此无法抛头露面，永远无法带兵打仗。庞涓认为，只要孙膑不带兵，自己在世上便再无对手。

遭受师兄弟陷害的孙膑欲哭无泪，自己又无法逃出魏国，只能留下来等待时机。

几年后，齐国的使者来到魏国的国都大梁。孙膑以囚徒身份秘密去见使者，希望使者能够带着自己逃出魏国。

经过一番了解，使者终于弄清楚了孙膑的情况。他认为孙膑是个不可多得的人才，便答应出手营救。

后来，使者在魏国办完公事，准备回国的时候秘密将孙膑带上了自己的坐车，把孙膑带到了齐国。

来到齐国，使者又将孙膑介绍给了大将田忌。经过一番交谈，田忌认为孙膑是个军事天才，便将他留在了自己的家中，以上宾之礼招待他。

◎ 一场赛马决定命运

田忌有一个嗜好：赛马。他经常与齐国的王公贵族进行赛马，并下了很大的赌注，但总是输多胜少。为此，田忌觉得很没面子，便请孙膑出出主意。孙膑爽快地答应了。

经过一番观察，孙膑发现其实参赛的马匹脚力相差尽管不大，却可以分成上、中、下三个等级。田忌以往在赛马时大都采用上等马对上等马、中等马对中等马、下等马对下等马的战术。

于是，孙膑非常自信地对田忌表示："赛马的时候，您可以放心大胆地进行比赛，就算下最大的赌注也没关系，我自有办法

使您获胜！"

田忌对孙膑之言深信不疑，于是在同齐王等人的比赛开始前下了一千金作为赌注。

比赛开始前，孙膑对田忌说："现在您可以用下等马去对付他们的上等马，用您的上等马迎战他们的中等马，再用中等马去对付他们的下等马。"

田忌依计而行。

三场比赛结束后，田忌的马只输了一场而赢了两场，最终赢了一千金。

齐王对田忌的获胜感到很意外，询问原因。田忌便将孙膑传授的方法告诉了齐王，并将孙膑推荐给齐王。

随后，齐王与孙膑进行了一番长谈，大为敬服，便拜孙膑为军师。

围魏救赵巧破敌

公元前 354 年，魏国出兵征讨赵国，赵国都城邯郸被围，形势危急，赵王派人来到齐国求援。齐王召集群臣商议对策。经过一番争议，齐王最终决定出兵援助赵国，并打算委任孙膑担任大军统帅，出兵伐魏。

不过，齐王的好意却被孙膑婉言谢绝。他对齐王说："我是个受过酷刑、身体残缺不全的人，不适宜担任全军主帅。我可以随军出征出谋划策，但主帅人选请大王另选他人担任。"

最终，齐王任命田忌担任了齐军的统帅，拜孙膑为军师，让他乘坐有帷幔的小车，为田忌出谋划策。

按照田忌战前的设想，大军直扑赵国都城邯郸，与魏军展开决战，一举解除邯郸的危机。

当田忌将这个设想告诉孙膑时，孙膑说出了自己的想法。他说："想要解开乱成一团的绳索，切忌生拉硬拽；想要劝解正在

斗殴之人，不可卷入其中参加打斗。只要避实击虚，控制住斗殴者的要害，斗殴者就会因形势所逼，不得不自行分开。

"如今魏国出兵攻打赵国，与赵国在邯郸城决战。其军力必定倾巢而出开赴前线，只留下一些老弱残兵留守国内。将军您不如带领齐国的大军，马上向魏国的都城大梁发动进攻，同时占据魏国的交通要道，攻打魏国其他空虚的城邑。到时候魏国的军队只能放弃围攻赵国而撤回国以求自保。如此一来，我们不但轻而易举解了赵国之危，还能以逸待劳击败魏军。"

田忌闻听大喜，立刻改变原来的战术设想，改用孙膑提出的建议，率军向魏国发动攻击。

果然，在赵国的魏军主力得知齐军进入魏国后，担心国土有失，连忙从赵国撤回。而齐军则在桂陵地区设下埋伏。等魏军来到该地后发动进攻，魏军几乎全军覆没，连大将军庞涓也成了齐军的俘虏。不过，孙膑念及当年的同窗之谊，并没有杀死庞涓，而是将其释放。

◉ 故技重施报了当年之仇

十三年后，魏国又联合赵国攻打韩国。韩国向齐国求救。齐王任命田忌为主将，以孙膑为军师，率部援救韩国。

这一次，孙膑故技重施，全军没有赶往韩国境内，而却直扑魏国的都城大梁。魏军统帅庞涓得知齐军进攻都城的消息，立即从韩国撤军返回援救大梁。

就在这个关键时刻，孙膑又对田忌说了自己的想法。他说："魏国的士兵一向骁勇善战，对于我们齐国的军队非常轻视，认为我们胆小懦弱。善于用兵的将领，要因势利导，将被动化为主动。兵法上说如果劳师远征，长途跋涉行军数百里去攻打别的国家，这样的军队肯定会损失他们的将军；行军几十里去攻打别的国家，那么在到达这个国家前，恐怕只有一半的士兵能赶到前线就不错了。如今魏军轻敌冒进，形势对我们非常有利。我们将计就计，定能取得大胜。"

田忌喜出望外，连忙询问破敌之策。

孙膑说："下令全军进入魏国境内的第一天挖可供十万人吃饭的炉灶，第二天减为五万人的炉灶，第三天减为三万人的炉灶就可。"

就这样，齐军一面前进，一面减少挖炉灶的数量。

一路追赶的庞涓发现齐军炉灶日益减少后，非常高兴，对手下将领表示："我早就知道齐军士兵贪生怕死。你看他们进入我国境内才三天，逃跑的士兵就已经超过了半数。"

庞涓立即下令，抛下步兵和辎重，自己亲率精锐部队轻装前进，日夜兼程，拼命追赶齐军。

得知庞涓中计，孙膑计算了他的行军速度，认定他将在黄昏时分赶到马陵地区。马陵一带道路狭窄，两旁地势险要，

适合设伏。

孙膑让士兵们将道路一旁的一棵大树面向道路的一侧树干削去树皮，露出洁白的树干，并在上面写下"庞涓死于这棵树下"几个大字，又令军中善于射箭的一万名士兵在道路两旁埋伏。孙膑最后下令："到了晚上看见这棵树下亮起火光，就万箭齐发。"

到了夜里，庞涓率军果然来到这棵大树附近。庞涓隐隐约约看见白白的树干上写着一行字，就举着火把前去观看。

还没等庞涓看完这些字，齐军伏兵万箭齐发，魏军猝不及防，伤亡无数。

直到此时，庞涓才明白又中了孙膑的计，自己面临的将是一场惨败。于是，他拔剑自刎。临死前还愤愤不平地大喊："终于成全了孙膑这小子的威名。"

庞涓一死，魏军群龙无首，乱作一团。齐军乘胜追击，大败魏军，并俘虏了魏国的太子。从此，孙膑名扬天下，他所著的兵法也流传于世。

画外音：孙膑消灭庞涓，主要是计策设计得精妙，完全出乎庞涓的意料。由此也可以看出，孙膑的能力远胜于庞涓。

【原著精摘】

忌数与齐诸公子驰逐重射①。孙子见其马足②不甚相远，马有上、中、下辈。于是孙子谓田忌曰："君弟重射③，臣能令君胜。"田忌信然之，与王及诸公子逐射千金④。及临质⑤，孙子曰："今以君之下驷与彼上驷，取君上驷与彼中驷，取君中驷与彼下驷。"

【注释】

①驰逐重射：下很大的赌注进行马拉车比赛。

②马足：马的脚力。

③弟重射：尽管加大赌注进行比赛。

④逐射千金：赌注达到千金。

⑤临质：比赛开始前。

【译文】

田忌经常与齐国宗室及贵族赛马，并设有重金作为赌注。孙膑发现这些马的脚力相差不大，却可分为上、中、下三等。孙膑对田忌说："您放心大胆地比赛，只管下大赌注，我都能让您取胜。"田忌深信不疑，与齐王和诸公子用千金做赌注。比赛即将开始前，孙膑对田忌说："现在用您的下等马对付他们的上等马，拿您的上等马对付他们的中等马，拿您的中等马对付他们的下等马。"

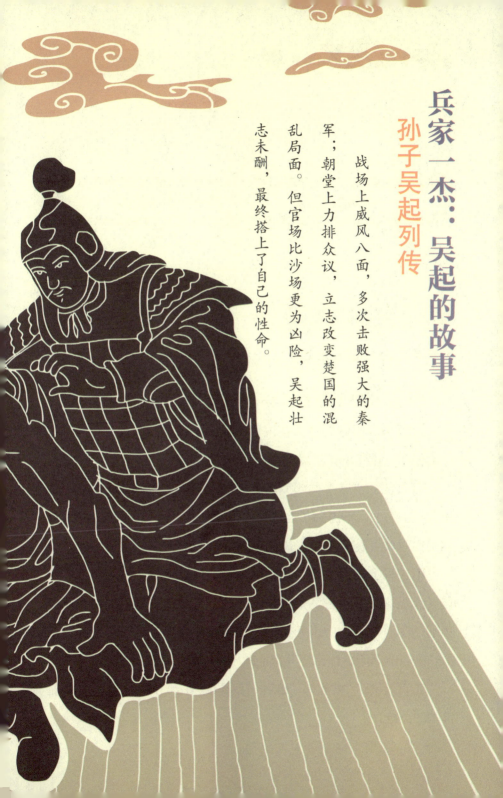

兵家一杰：吴起的故事

孙子吴起列传

战场上威风八面，多次击败强大的秦军；朝堂上力排众议，立志改变楚国的混乱局面。但官场比沙场更为凶险，吴起壮志未酬，最终搭上了自己的性命。

杀妻求将：为求功名手段劣

带着问题读《史记》

吴起为何要杀死妻子？

❋ 杀死妻子当上将军

最近鲁国都城百姓都在议论，就因为国君鲁穆公刚刚下达的一道任命。该任命是将吴起提拔为将军。

有人说："这个吴起原本是卫国左氏人，曾拜曾子为师，家里曾经很有钱，不过到了他这一代已经没落，后来才到鲁国做官。据说他对兵法很有研究，本事应该是不错的。"

不过马上便有人说："本事不错有什么用啊？这人的品行不佳。大王这次要对付的是强大的齐国，吴起的妻子就是齐国人。吴起怕国君疑心，便杀死了自己的妻子以表忠心。这样的人为了得到国君的重用，什么事儿都能做出来，怎么能让人放心？"

还有人说："管他杀了谁呢，只要能帮咱们打败齐国，他就是鲁国的英雄！"

　　这些坊间议论很快便传到了吴起的耳朵里。他心中非常苦涩，轻轻地叹了口气，自言自语道："欲成大事者就要不顾一切，这些凡夫俗子又怎能明白我的志向。"

　　事情的经过原来是这样的：

　　吴起在鲁国做官，时值齐国攻打鲁国。由于吴起在军事上造诣不凡，鲁穆公打算任命吴起为将军，率军抗敌。但由于吴起的妻子是齐国人，国君犹豫不决。

　　吴起一心想当上将军，以施展自己平生所学。于是，他一不做二不休，回到家中将妻子杀死，拎着妻子的头颅去见鲁穆公，以表明自己的心迹。

　　鲁穆公一看，大为感动，随即下令任命吴起为将军，率军抵挡齐军。经过一番激战，吴起终于大获全胜，将齐军赶出了国境，他也因此一战成名。

> **画外音**：吴起杀妻，无疑是为了得到将军的职位，一展自己的抱负。不过，这种做法非常卑劣，难怪会在鲁国引发轩然大波。

◎ 成名沙场却毁于谣言

　　吴起得胜还朝后，迎接他的并不是举国的称赞，而是更多更恶毒的流言蜚语。

　　有人说："吴起从来就不相信别人，为人处世非常残忍恶毒。他年轻的时候，家中的黄金足足有几千两，他用这些钱来买官，结果一无所成，反倒遭到同乡的笑话。吴起一怒之下，竟然杀死了三十多个笑话他的同乡，然后从卫国逃到了鲁国。"

　　还有人说："吴起逃出卫国的时候，连他年迈苍苍的母亲都弃之不顾。他还大言不惭地对母亲说，他如果当不上国相、客卿这样的高官，就再也不回卫国。结果他母亲去世时，他都没有赶回去奔丧。"

　　又有人造谣说："吴起来到鲁国后，曾经拜孔子的学生曾子为师，但曾子对他的不孝之举非常愤怒，甚至与他断绝了师徒关系，可见此人的人品实在非常不地道。"

　　后来，又有人重提吴起杀妻为将的事情，并说："当初吴起为了做官，不惜杀死自己的妻子。而我们鲁国是个小国，一旦其他诸侯国知道我们有了一位非常能打仗的将军，会误以为我们有野心，那样对国家会非常不利。况且鲁国与卫国是友好邻邦，我们重用吴起，就会得罪卫国。"

风言风语很快便传到了鲁穆公的耳朵里。他越听越觉得有道理，便逐渐疏远了吴起。浴血奋战才保住鲁国太平的吴起就这样被弃之不用，他焦急万分。

【原著精摘】

齐人攻鲁，鲁欲将吴起，吴起取①齐女为妻，而鲁疑之。吴起于是欲就名②，遂杀其妻，以明不与③齐也。鲁卒以为将。将而攻齐，大破之。

【注释】

①取：通"娶"。

②就名：成就功名。

③与：帮助。

【译文】

齐国攻打鲁国，鲁国国君想任用吴起为将军，但吴起娶的妻子是齐国人，因此国君怀疑他。此时，吴起一心想成就功名，便杀了妻子，以表明自己不会帮助齐国。国君终于任命他担任将军，率领军队攻打齐国，把齐军杀得大败。

军事奇才：战无不胜明事理

带着问题读《史记》

吴起为何会尊重田文？

◎ 辗转魏国再立奇功

吴起在鲁国郁郁不得志，打算离开鲁国另投明主。不久后，他听说魏国的魏文侯非常贤明，便悄悄离开鲁国来到了魏国。

魏文侯听说吴起到来，便问大臣李克："吴起究竟是个怎样的人？"

李克回答："吴起虽然贪财好色，但却是军事上的奇才，即便大名鼎鼎的军事家司马穰苴都比不上他。"

魏文侯听了大喜，便拜吴起为大将军，让他率领魏国的军队攻打秦国。

公元前409年，吴起奉命出征，攻打秦国的临晋、元里诸城。吴起与士兵们同吃同睡，同甘共苦，深得士兵们的爱戴。经过数月激战，吴起终于夺取了临晋、元里等地，并在第二年攻克了秦国的西河地区。战后，吴起被魏文侯任命为西河郡太守。为了抵御秦国的进攻，吴起在该地修筑了吴城防御要塞。

到了公元前 389 年，秦国又出兵进攻魏国的阴晋地区。吴起亲率五万大军、战车五百辆、骑兵三千人前去迎战，再次打败秦军。吴起也成了魏国最为著名的军事将领。

◎ 治理国家的至理名言

又过了几年，魏文侯病逝，吴起侍奉他的儿子魏武侯。

有一次，魏武侯与大臣们一起沿着西河漂流而下。魏武侯站在船头，环顾四周的景色，感触万千，对吴起表示："你看这大山、大河是多么的壮丽、险峻！真是国家的重地。"

吴起听完不以为然地回答道："一个国家强盛与否，并非凭借地形的险要，最关键要看国君能否以德服人。古代三苗氏残暴嗜杀，不修德行，他们左临洞庭湖，右靠彭蠡（lǐ）湖，地形险要异常，但最终还是被大禹消灭。而夏桀的领土也是左有黄河与济水，右有泰山和华山，但他因为不修德政，最终被推翻。纣王的情况也非常类似，领土险要无比，但被周武王所灭。

"因此，国家的强盛主要依靠国君的德政，而非山河的险峻。倘若国君不修德政，那么即使是同一条船上的人，也会背叛您。纵然您有山河的险固，又有什么作用呢？"

魏武侯听后，非常感动地对吴起说："有道理，说得太对了！"

🔅 被田文说得哑口无言

吴起担任西河郡太守期间，政绩卓著，在魏国地位很高。到后来魏国打算设立国相一职时，吴起认为非自己莫属。但没想到魏武侯却提拔了田文担任国相之职，令吴起非常失望。

对此，吴起愤愤不平，直接找到田文理论。他对田文说："不如咱俩比比功劳，看谁更有资格来做国相。"没想到田文竟爽快地答应了。

吴起问："如果带兵打仗，能让将士们心甘情愿为国作战，使别的国家不敢轻视魏国，这一点您与我比，究竟哪一个强？"

田文回答："这方面我当然不如您了。"

吴起又问："如果管理老百姓，使得库府充裕，这方面咱俩

谁强？"

田文回答："我还是不如您。"

吴起再问："镇守西河，使秦国大军不敢入侵，韩国和赵国纷纷依附我们。这方面又是谁强呢？"

田文回答："那我更不如您了。"

吴起趾高气扬地说："既然你三方面都不如我，而你的官职却高于我，这又是什么道理呢？"

这时，田文正色道："国君年少继位，国家尚未安定，大臣也未必肯尽心尽力辅佐。因此，要找一位能调解各种关系、巩固国君地位的国相人选，究竟是您合适还是我合适呢？"

短短几句话，竟然让吴起沉默了很长一会儿。

吴起想了半天，认为自己在稳定政局、改善君臣关系上的才能确实不如田文，于是回答："还是将国相之位交给你比较合适。"

田文诚恳地说："这就是我能当上国相，位居您之上的原因了。"

从此之后，吴起对田文礼遇有加，再也不敢瞧不起田文了。

画外音：吴起之所以会尊重田文，是因为他知道自己的综合能力不如田文。这也说明了这位一代名将是个非常明白事理的人。

结局悲惨：锐意改革遭杀害

带着问题读《史记》

吴起为何要趴在楚悼王的遗体上？

◎ 一名小吏改变吴起命运

　　田文担任国相期间，不仅将魏国治理得井井有条，也与吴起保持了非常密切的联系，吴起在魏国广受尊重。不过这种情况在田文病逝后却发生了很大的变化。

　　接替田文之位的人名叫公叔，他不仅继任了魏国的国相，还娶了公主为妻。但他无论是能力还是功劳都赶不上吴起，担心吴起会威胁自己的相位，就想除掉吴起以绝后患，但又苦于没有良策，便整天待在家中闷闷不乐。

　　此时，公叔家中有一名小吏揣摩出了主人的心思，他向公叔表示："要除去吴起，其实非常容易。"

　　公叔一听，立即问道："你有什么好办法呢？"

　　小吏说："吴起这个人爱面子和声誉，喜欢别人夸赞他。我们可以利用这一点除掉他。首先，您去跟武侯说：'吴起有雄才大略，但魏国非常弱小，又与强大的秦国接壤，臣担心吴起不会长期留在魏国为大王效力。'武侯听了这话，必定会非常焦急，问您如何才能让吴起留下来。

"这时候您就提出将公主许配给吴起，并告诉武侯说，如果吴起想留下的话，就一定会答应这门亲事；如果不想留下，必然加以推辞。武侯听完您的这个意见，一定会照做。

"到时候您再邀请吴起到家里来，让公主故意当着吴起的面羞辱您，让吴起觉得一旦娶了公主，将遭受与您一样的侮辱，事后他必然会拒绝武侯的提亲。如此一来，武侯就会怀疑吴起，我们的目的也就达到了。"

后来，公叔按照小吏的计策开始行动。吴起果然中计，拒绝了魏武侯的提亲，魏武侯因此怀疑吴起。吴起担心会被魏武侯降罪，便离开了魏国逃亡楚国。

吴起在魏国风光了几十年，就这样被一名小吏改变了自己的命运。

◎ 锐意改革却惨遭杀害

吴起来到楚国，受到楚悼王的高度重视。他早就听说吴起很有能力，因此当吴起一到楚国与自己见面后，就拜他为国相。

随后，吴起针对楚国政局混乱、国力空虚的现状进行了大刀阔斧的改革。他不但裁减多余的官吏，排斥高谈阔论的游说之士，废除封爵制度，还减少官吏们的俸禄，集中资源壮大楚国的军事

力量。短短数年间，楚国的国力得到显著的提高。

到了公元前 381 年，楚国与魏国交战，面貌一新的楚军打败了魏军。从此，楚国在各诸侯国中的地位得到提高。

不过，吴起的改革也引起了不少楚国王公贵族的强烈抵触。就在楚军击败魏军的同一年，楚悼王病逝，王公贵族们联合起来起兵作乱。他们在都城到处抓捕吴起。

走投无路之下，吴起只好来到停放楚悼王遗体的寝宫，紧紧趴在遗体之上，以避免遭到射杀。

愤怒的王公贵族们此时一心只想尽快杀死吴起。他们张弓搭箭，射向吴起，吴起很快被乱箭射死，不过，乱箭也扎满了楚悼王的遗体。

吴起被杀后不久，太子继位做了国君，他下令将杀死吴起及用乱箭射中楚悼王遗体的王公贵族们全部斩杀。因此案而被灭族的，一共有七十多家。

画外音：吴起趴在楚悼王的遗体上被射死，这无疑是吴起在临死前所用的一个计策。因为他深知楚悼王的儿子必将追究侮辱父亲遗体之人的责任，这样一来，他也必然会被新君平反昭雪。

【原著精摘】

起之为将，与士卒最下者同衣食。卧不设席，行不骑乘，亲裹赢粮①，与士卒分劳苦。卒有病疽②者，起为吮③之。卒母闻而哭之。人曰："子卒也，而将军自吮其疽，何哭为？"母曰："非然也。往年吴公吮其父，其父战不旋踵④，遂死于敌。吴公今又吮其子，妾不知其死所矣。是以哭之。"

【注释】

① 亲裹赢粮：亲自包扎，亲自背粮。

② 疽：脓疮。

③ 吮：用嘴吸。

④ 不旋踵：一直向前。

【译文】

　　吴起担任大军统帅，饮食和衣着与最底层的士兵们一模一样。晚上睡觉不加铺盖，行军不骑马乘车，亲自动手包扎，亲自背粮食，与士兵们同甘共苦。士兵中有人长了脓疮，吴起便用嘴吸疽排脓。这个士兵的母亲得知此事后不禁失声痛哭。有人安慰她说："你的儿子不过是个普通士兵，贵为上将军的吴起却亲自为他吸脓，你应该觉得光荣，为何反倒哭了？"这位母亲回答："事情没这么简单。当年吴起将军就曾经为这孩子的父亲吸脓，他父亲为了报答吴起将军，作战时勇往直前，最终战死沙场。如今吴将军又为这孩子吸脓，我不知道他又会战死在何处。想到这儿，我忍不住哭了起来。"

鞭尸复仇：伍子胥的故事

伍子胥列传

为了复仇，伍子胥离开楚国来到了吴国。为了复仇，伍子胥不惜掘墓鞭尸，重创楚国，成就了吴国的辉煌。

父兄被害：伍子胥发誓复仇

带着问题读《史记》

伍子胥父兄为何被杀？

◎ 父兄被杀，只身逃亡

伍子胥是春秋末年楚国人，名叫员，家世显赫。其先祖名叫伍举，曾因直言劝谏楚庄王闻名于世，从此成为楚国显贵。伍子胥的父亲名叫伍奢，是楚平王之子、太子建的太傅。他还有个哥哥名叫伍尚，都在楚国享有盛名。

伍奢担任太傅时，楚国有一位少傅名叫费无忌，此人对太子并不忠心。楚平王派费无忌前往秦国为太子迎娶秦国公主。当费无忌见到公主后，立刻飞马回到楚国，对楚平王说："公主长得国色天香，大王应该娶她，然后另为太子再找一个妻子。"

楚平王一听，动了歪念，娶了秦国的公主，后来生下一子名叫轸（zhěn）。同时，楚平王又让太子另外娶了一位妻子。

因为帮楚平王娶了一位美人，费无忌受到赏识，他离开太子建，侍奉楚平王。不过，他担心日后一旦太子建做了国君会杀了自己，便开始不断在楚平王面前诋毁太子建。加上太子建的母亲是蔡国人，不讨楚平王喜欢，因此，楚平王对太子建日渐疏远，后来又派他去镇守位于边陲的城父。

费无忌心里还是不踏实，于是他又对楚平王说："太子因为秦女的事情怨恨大王，希望大王多加小心。去到城父后，整天率军对诸侯作战，实力不俗，臣担心他一旦回到都城会作乱。"

楚平王听了，满腹疑虑，便召太傅伍奢回到都城问话。

伍奢对费无忌的阴谋一清二楚。因此他对楚平王说："大王为何会听信谗言而疏远自己的骨肉至亲呢？"

谁知费无忌却在一旁表示："如果大王现在不阻止他们，他们的阴谋就会得逞了。请大王立刻下令将太子建抓回来。"

昏庸的楚平王听信了费无忌的话，下令将伍奢囚禁，又传旨城父司马奋扬去擒拿太子建。不料城父司马奋扬一向对太子非常尊敬，私下派人告诉太子建，让他马上逃走，否则将会被杀。于是，太子建逃到了宋国。

眼看奸计不成，费无忌又将矛头指向了伍奢。他对楚平王说："伍奢有两个儿子，本事都非常了得。如果不杀了他们，日后必定会成为楚国的祸害。"

于是，楚平王派人告诉伍奢，让他命令两个儿子来到都城，

否则将处死伍奢。

伍奢回答："伍尚为人忠厚，他一定会来。而伍子胥性格机敏，能做大事。他知道自己前来一定会被抓，肯定不会来的。"

楚平王派人通知伍尚和伍子胥，要求他们立即赶到都城，更威胁说，如果他们不到，就处死他们的父亲伍奢。

为此，伍尚和弟弟伍子胥商量了一番。

伍子胥说："大王要召见我们兄弟，并不是想饶恕父亲，而是担心家中有人逃脱，留下后患，所以才用父亲做人质，欺骗我们。我们如果真的去了，父子三人全部会死，与其这样，还不如我们哥儿俩逃亡别国，借别国的军队来为父亲报仇。"

哥哥伍尚说："我知道去了也不能保全父亲的性命，但我最担心的是，父亲让我们回去，我们却不去，到最后我们又无法为父亲报仇雪恨，那咱们就成了天下人的笑柄了。不如这样，你逃往别国，为父亲报仇雪恨，我去都城陪父亲一起赴死。"

就这样，伍子胥摆脱了楚平王的追杀，逃亡宋国，而哥哥伍尚与父亲伍奢双双被杀。伍奢在临终前对楚平王说："用不了多久，楚国就会大祸临头了！"

画外音：楚平王听信谗言，杀死伍奢及其子伍尚，激起伍子胥对楚国的无比怨恨，为日后他报复楚国、掘墓鞭尸埋下了伏笔。

◎ 不求回报的渔夫

伍子胥来到宋国与太子建重逢不久，宋国发生了内乱。他们不得已又离开宋国来到了郑国，郑国的国君对太子建等人非常友善。

不久，太子建一行人又离开郑国到达晋国。晋顷公对太子建说："既然太子与郑国关系密切，郑国也非常信任太子，那么你可以做我们晋国的内应，协助我消灭郑国。等灭了郑国之后，寡人就将郑国送给太子。"

急于扩充实力的太子建答应了晋顷公的要求，便带着伍子胥等人又回到了郑国。可还没等他展开行动，却因为手下的一名随从告密，郑定公与大臣子产抢先动手，将太子建诛杀。

太子建死后，伍子胥担心太子建的儿子胜也会被杀，便连忙带着胜一起逃往吴国。

当伍子胥与胜一起途经昭关时，守关的将士前来抓捕。伍子胥与胜仓皇而逃，最终跑到了江边，追兵仍在后面紧紧追赶。

此时，江边有一只小渔船。渔夫二话不说便让二人上船，向对岸划去，终于摆脱了追兵。

伍子胥非常感动，解下了自己的佩剑，对渔夫说："我的这把剑值一百金。我送给你，以感谢你的救命之恩。"

而渔夫听完哈哈大笑，对伍子胥说："楚国刚刚发布的通告说，抓住伍子胥，赏粟五万石，封为上卿执珪（guī），难道

这个还比不上你的这把价值一百金的宝剑？"说完坚决不要伍子胥的宝剑，驾着船悄然而去。

【原著精摘】

　　至江，江上有一渔父乘船，知伍胥之急，乃渡伍胥。伍胥既渡，解其剑曰："此剑直①百金，以与父。"父曰："楚国之法，得伍胥者赐粟五万石，爵执珪②，岂徒百金剑邪！"不受。

【注释】

　　①直：通"值"，价值。
　　②执珪：授予执珪的爵位。

【译文】

　　到了江边，有一个渔翁撑着船，知道伍子胥的困境，便带他过江。过江后，伍子胥解下随身宝剑说："这把剑价值百金，送给您老人家。"渔翁说："按照楚国的法令，抓到伍子胥的人，赏给粮食五万石，授予执珪的爵位，价值岂止是百金！"不肯接受。

掘墓鞭尸：伍子胥大仇得报

带着问题读《史记》

伍子胥为何要掘墓鞭尸？

◎ 在吴国获得一席之地

伍子胥有惊无险过了昭关，却在途中突然病倒，只得停了下来。由于生活没有着落，只好以乞讨为生。直到几个月后，他才来到了吴国。

此时，吴国的国君僚刚刚掌权，公子光担任将军。伍子胥通过公子光的关系拜见吴王，终于在吴国住了下来。

当时，楚国和吴国的百姓都在毗邻的边境地区养蚕，双方常常因为争夺桑叶而大打出手。后来事情越闹越大，居然引发了吴、楚两国的战争。公子光率领吴军讨伐楚国，攻破楚国的钟离、居巢等地，随后班师回朝。

伍子胥对此非常不解，便对吴王僚表示："大王既然派了公子光征讨楚国，为何要半途而废？还不如一鼓作气灭了楚国。"

公子光得知伍子胥的话后，对吴王僚说："伍子胥之所以劝大王继续攻打楚国，是因为他的父亲和哥哥都被楚王杀了，他想借此报自己的私仇。其实就算咱们继续发动进攻，也未必能灭了楚国。"吴王僚听罢，再也不理睬伍子胥灭楚的言论。

吴王僚态度的转变，令伍子胥心中非常不安。他知道公子光有野心，想杀死吴王僚自立为国君，便打起了公子光的主意。他向公子光推荐了专诸，然后离开了都城，与太子建的儿子胜一起到乡下种地。

五年后，楚平王病死，他与秦国公主所生的儿子轸成了国君，也就是楚昭王。吴王僚趁着楚国办丧事，派兵攻打楚国，不料楚军却切断了吴军的退路，吴王僚无法回国。

眼看吴国国内空虚，公子光派专诸刺杀了吴王僚，之后自立为国君，即吴王阖闾。为了感谢当年伍子胥的推荐，阖闾继位后任命伍子胥为官，一起参与国事。

◎ 攻占国都，掘墓鞭尸

吴王阖闾三年（公元前 512 年），吴国派遣伍子胥和大夫伯嚭（pǐ）攻打楚国，占领舒地，活捉了叛逃到楚国的公子烛庸和公子盖馀（yú）。阖闾打算乘胜攻打楚国的都城郢都。

将军孙武劝谏说："连番战事使得百姓和将士们都非常疲惫，不能再发动进攻了，还是等待下一次机会吧。"阖闾接受了这个意见，下令全军班师回朝。

吴王阖闾四年（公元前 511 年），吴国再度出兵讨伐楚国，夺取了两个地区。到了第二年，阖闾出兵攻打越国，又取得了胜利，吴国在各诸侯国中的地位大大提升。

吴王阖闾六年（公元前 509 年），楚昭王任命令尹囊瓦为统帅，向吴国发动进攻，阖闾派伍子胥率军迎战。结果在豫章大败楚军，并夺取了楚国的居巢等地。

公元前 506 年，吴王阖闾对伍子胥和孙武说："当初我想出兵攻占楚国的郢都，你们却说时机尚未成熟，如今时机是不是到了？"

伍子胥和孙武回答："囊瓦身为楚国将军，贪财好利，敲诈盟国，唐国和蔡国都怨恨他。大王如果想一举拿下楚国，一定要取得唐国和蔡国的支持。"

阖闾采纳了两人的建议，派人说服了唐国和蔡国。随后，阖闾与两国军队一起组成联军攻打楚国。双方在汉水一带展开对峙。

此时，阖闾的弟弟夫概要求率军参战，却遭到阖闾的拒绝。夫概心中不满，便私自率领五千兵马向楚军发动进攻。楚国将军子常战败，逃亡郑国。

子常一跑，令楚军全线动摇。吴军顺势发动总攻。经过五次决战，楚军全线崩溃，吴军攻进了楚国的都城郢都，楚昭王仓皇逃进了云楚大泽。

当伍子胥听说楚昭王逃走之后，怒不可遏，便命人挖开了楚平王的坟墓，将他的尸体拖出来。伍子胥恨得咬牙切齿，拿起鞭子，

对着尸体猛抽了三百鞭，才肯罢手。

画外音：伍子胥借助吴国的力量，终于为自己的父兄复仇。不过，伍子胥的掘墓鞭尸之举却引发楚人的强烈愤怒，也为后来秦国帮助楚国复国埋下伏笔。

◎ 威震天下

伍子胥掘墓鞭尸的举动，令他当年的一位好友气愤不已。

这个人名叫申包胥，早在伍子胥还在楚国的时候两人就是好朋友。当年伍子胥被迫逃出楚国之前，曾经对申包胥说过，将来自己一定要消灭楚国。而当时申包胥却说，如果真有这一天，自

己将竭尽全力保卫楚国。

伍子胥掘墓鞭尸的消息很快在楚国传开，申包胥也得知了这一消息。他非常气愤，派人传话给伍子胥说："你这样做也太过分了！你以前是楚平王的臣子，他始终是你的君主。而你现在居然沦落到侮辱死者的境地，实在是有违人道，伤天害理，老天会因为你的劣行而惩罚你的！"

伍子胥则对来人说："你替我告诉申包胥，我一直立志复仇，如今就这么倒行逆施了，你还能把我怎么样！"

伍子胥的回答令申包胥更加气愤。于是，他来到了秦国，汇报了楚国的局势，并向秦国求救。

不过，秦哀公并没有答应申包胥的要求。申包胥为此连续七天站在秦国的朝廷上痛哭流涕，此举终于感动了秦哀公。

秦哀公说："楚昭王虽然昏庸，但有你这样忠心耿耿的臣子，楚国就不应该被吴国灭亡！"

此后，秦哀公派出五百辆兵车援救楚国，并在稷地打败了吴军。与此同时，阖闾的弟弟夫概趁着哥哥在楚国作战，在吴国国内发动叛乱，自立为君。

腹背受敌的阖闾听到这个消息，不得不下令收兵，全军撤回吴国平叛。经过一番交战，夫概被打败，逃到了楚国。

楚昭王趁着混乱又打回了楚国，复国成功。

两年后，阖闾命太子夫差出兵伐楚，占领了番。楚国担心吴军会像上次一样大举入侵，便将都城迁到了都（ruò）。

在伍子胥和孙武的率领下，吴军历经数年征战，击败了强大的楚国及齐国、晋国等诸侯国，吴国进入鼎盛时期。

【原著精摘】

　　于是申包胥走秦告急，求救于秦。秦不许。包胥立于秦廷，昼夜哭，七日七夜不绝其声。秦哀公怜之①，曰："楚虽无道，有臣若是，可无存乎！"乃遣车五百乘救楚击吴。

【注释】

　　①怜之：同情他。

【译文】

　　于是，申包胥来到秦国告急，向秦国求救。秦国不答应，申包胥站在秦国朝堂上日夜不停痛哭，他的哭声持续了七天七夜。秦哀公很同情他，说："楚王虽然无道，但有这样的忠臣，又怎么会消亡呢？"于是派遣五百辆兵车拯救楚国攻打吴国。

多次劝谏：伍子胥死于谗言

带着问题读《史记》

伍子胥因何而死？

⊛ 伍子胥地位的变化

公元前 496 年，吴军向越国发起进攻。越王勾践率军迎战，在姑苏一带击败吴军，并击伤了阖闾的脚趾。吴军只好撤退。

随后，阖闾的伤势不断加重，临终前他对太子夫差说："你会忘记是勾践杀了你父亲吗？"夫差回答："父亲，我永远不会忘记！"

阖闾死后，夫差成了吴国国君，他任命伯嚭为太宰，伍子胥为相国，加紧训练士兵，准备发起复仇之战。

两年后，吴军攻入越国，在夫椒大败越军，越王勾践带着五千残兵败将退守会稽山，派大夫文种带着厚礼贿赂伯嚭，请求讲和，并表示愿意去吴国侍奉夫差。夫差大喜，表示答应勾践的要求。

这时，伍子胥劝谏道："越王勾践能够忍辱负重，如果大王现在不消灭他，日后一定会后悔。"不过，夫差并没有听取

伍子胥的劝告，而是接受了伯嚭的主张，遣使与勾践和解。

又过了五年，夫差听说齐景公死了，国内局势混乱，便打起了讨伐齐国的念头。伍子胥又劝谏他说："勾践在越国打算有所作为，他一天不死，就必将成为吴国的祸患。大王不先灭了越国，却一心想要去攻打齐国，这不是很荒谬吗？"

这一次，夫差又没有听取伍子胥的话，执意出兵伐齐，并在艾陵大获全胜，随后班师回国。夫差觉得自己没有听从伍子胥的建议反而打了胜仗，就越来越不信任伍子胥。

四年后，夫差又打算征讨齐国。越王勾践采用子贡的计策，带领越国的军队协助吴国作战，并用重金贿赂伯嚭。伯嚭多次接受勾践的贿赂，经常在夫差面前说勾践的好话。

勾践的举动，引起了伍子胥的高度关注。他再次建议夫差先消灭越国，结果又遭到了夫差的拒绝。不仅如此，夫差还让伍子胥出使齐国。

对此，伍子胥的态度非常消沉。他临行前对儿子说："我多次劝谏国君，但国君却不愿采纳我的建议。我已经能看到吴国的末日了。你留在吴国，恐怕要与吴国一起灭亡喽。"

伍子胥出使齐国后，将自己的儿子托付给齐国的鲍牧，他办完事后立刻返回了吴国。不料，等待他的却是悲惨的结局。

⊙ 伯嚭的谗言要了伍子胥的命

伯嚭与伍子胥一向不和，听说伍子胥将儿子托付给了齐国的鲍牧，立即向夫差诬陷伍子胥。

　　伯嚭说："伍子胥为人残暴，不讲情义，猜疑妒忌。他的怨恨将会对吴国造成极大的危害。前一阵子大王要讨伐齐国，伍子胥认为不可行，结果大王大胜而归。伍子胥因为自己的计策得不到采纳而愤愤不平。现在您又要攻打齐国，伍子胥再度提出反对，企图破坏大王您的千秋功业。听说大王又一次否决了他的意见，他就称病不与大王一起出征，这样一来吴国内部将出现重大隐患。几天前，微臣曾派人调查，发现伍子胥竟然将儿子托付给了齐国

的鲍牧，这不就等于是里通外国吗？希望大王及早下定决心，以免后患无穷。"

早就对伍子胥心怀不满的夫差当即表示："即便没有你的提醒，我也一直在怀疑他。"随后，夫差命人赐给伍子胥一把宝剑，让他用此剑自尽。

伍子胥仰天长叹道："奸臣伯嚭作乱，大王反而要杀我。我曾经不畏艰险辅佐过先王，帮助先王成为一代霸主。之后又忠心耿耿辅佐您上位成了国君。您竟然听信小人的谗言，杀死我这个长辈，真是可悲、可叹！"

伍子胥又对门客说道："一定要在我的坟墓旁种上梓树，等它们长大后能够做棺材。另外，挖下我的眼睛挂在东门城楼上，让我看看越国是怎样攻进都城消灭吴国的。"说罢，伍子胥拔剑自刎。

当夫差听说了伍子胥的遗言后，非常生气，命人将他的尸体装在袋子里，扔进了江中。吴国人非常同情伍子胥，在江边为他建了祠堂，还把该地称为胥山。

> **画外音：**与父亲一样，伍子胥之死也是因为遭到奸臣的陷害。
> 不过，他将儿子送到了齐国，也等于给了奸臣陷害自己的口实。

🟠 夫差的末日

夫差杀死伍子胥后，率兵伐齐。齐国的鲍氏杀了国君齐悼公，立阳生为国君。吴国与之交战，无法获胜，只好撤军回国。

又过了数年，越王勾践起兵，大败吴军。在随后的九年中，越国的实力不断壮大，吴国却日渐衰落。

公元前473年，越国再度出兵吴国，夫差被俘，勾践打算将他流放到甬东。夫差却表示："我老了，无法再侍奉越王您了。我非常后悔当初没有听从伍子胥的建议，才让自己落到了如此地步。"说完，夫差便拔剑自杀了。

【原著精摘】

怨毒①之于人甚矣哉！王者尚不能行之于臣下，况同列②乎！向③令伍子胥从奢俱死，何异蝼蚁④。弃小义，雪大耻，名垂于后世，悲夫！

【注释】

①怨毒：怨恨，憎恨。

②同列：地位相似的人。

③向：假使。

④蝼蚁：蝼蛄和蚂蚁，比喻卑贱的生命。

【译文】

怨恨实在厉害，即便是国君也不能让臣子产生怨恨之情，更何况是地位相似之人呢？假使当初让伍子胥与父兄一起被处死，他的死与蝼蚁又有什么差别？他不顾小节，为父亲报仇，洗刷了奇耻大辱，让名声流传后世，可叹啊！

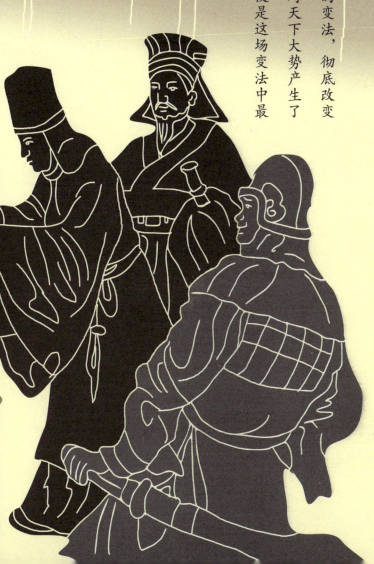

改革先驱：商鞅的故事

商君列传

一场轰轰烈烈的变法，彻底改变了秦国的面貌，也对天下大势产生了深远影响。商鞅，便是这场变法中最为关键的人物。

相国推荐：商鞅却闷闷不乐

带着问题读《史记》

公叔痤为何建议魏惠王杀掉商鞅？

此人要么重用，要么杀掉

商鞅，本姓公孙，是卫国国君的小妾生的儿子，因此也有人称其为卫鞅或公孙鞅。

商鞅从小就喜欢研究刑名法术之学，长大后来到魏国，成了魏国相国公叔痤手下的中庶子。公叔痤认为商鞅很有才干，打算将他推荐给魏国的国君。

有一次，公叔痤患病，卧床不起，国君魏惠王亲自来到他的府中慰问。魏惠王悲伤地说："万一您有个意外，我们魏国又将依靠谁呢？"

公叔痤回答："我手下有个中庶子名叫公孙鞅。虽然他年轻，但很有才干，希望大王能够予以重用，将国政交给他。"魏惠王听后，默不作声。

魏惠王快要离开时，公叔痤又支开外人，单独对魏惠王说："大王如果不想重用公孙鞅，就一定要杀了他，千万不可让他离开魏国。"

等魏惠王走后，公叔痤命人叫来了商鞅，对他说："大王刚才问我谁可以继任相国，我推荐了你，大王并没有答应的意思。我当然是要先忠于国君，然后再考虑臣子的利益。于是我对大王说，如果不能重用你就杀了你。这话大王反倒答应了。你赶紧走吧，否则性命不保！"

听了公叔痤的话，商鞅回答："大王既然不肯听您的话重用我，又怎么会听您的话杀了我呢？"商鞅并没有离开魏国。

魏惠王回到宫中对侍从们说："公叔痤的病真让人担心。他还要我将国政交给公孙鞅掌管，看来他不但身体病入膏肓，连脑子都糊涂了！"

公叔痤死后，魏惠王既没有重用商鞅，也没有加害于他。一心想要有所作为的商鞅却整天闷闷不乐。

画外音：公叔痤之所以推荐商鞅，是看到了商鞅卓越的才能，他称得上是商鞅的伯乐。但当公叔痤发现魏惠王并没有重用商鞅的意思，便预料到一旦商鞅投奔他国，必将对魏国带来巨大危害，因此建议杀了商鞅以除后患。

【原著精摘】

　　会痤病，魏惠王亲往问病，曰："公叔病有如不可讳^①，将奈社稷何？"公叔曰："痤之中庶子公孙鞅^②，年虽少，有奇才，愿王举国而听之。"王嘿然^③。王且去，痤屏^④人言曰："王即不听用鞅，必杀之，无令出境。"王许诺而去。

【注释】

　　①不可讳：意为死亡。

　　②公孙鞅：即商鞅。

　　③嘿然：沉默不语的样子。

　　④屏：屏退。

【译文】

　　正赶上公叔痤患病，魏惠王前来探望，说："如果你出现不测，国家将怎么办？"公叔痤回答："我手下的中庶子公孙鞅，虽然年轻，却是个奇才，希望大王能把国政交给他。"魏惠王听后沉默不语。魏惠王将要离开时，公叔痤屏退左右，说："假如大王不任用公孙鞅，就一定要杀了他，千万不要让他走出国境。"魏王答应后就离去了。

变法图强：大力改革见成效

带着问题读《史记》

为何商鞅经过四次交谈才获得秦孝公赏识？

◎ 四见秦孝公，商鞅才达到目的

公元前359年，在魏国郁郁不得志的商鞅听说秦国国君秦孝公力图重振秦国的声威，收复被占领的领土，正在广招贤才。商鞅认为自己的机会终于来了，便离开魏国来到了秦国。

秦国的大臣景监与商鞅是好朋友，听说商鞅到来，非常热情，便向秦孝公举荐。于是，商鞅终于见到了秦孝公。

不过，商鞅与秦孝公的第一次交谈很不顺利。商鞅说了一番治国的宏论，而秦孝公没听几句便打起了瞌睡。事后秦孝公还很生气地对景监说："你的这位朋友为人十分狂妄，我怎么能任用这样的人呢？"

景监灰头土脸地来见商鞅，对商鞅发起了脾气。商鞅惊讶地说："我与国君谈的都是如何按照尧舜这样的圣贤治国的道理和

方法，但国君却听不进去。"

又过了五天，景监又请求秦孝公召见商鞅。这回秦孝公没有打瞌睡，而是与商鞅谈了很久。不过等两人的会谈结束后，秦孝公再度指责景监，认为商鞅毫无用处。

景监听了很是气愤，回到家中再度指责商鞅。商鞅委屈地说："这次我对国君谈的是如何按照夏禹、商汤、周文王和周武王等圣君的方式治理国家，但他还是听不进去。不过，还是拜托您再让我与国君交谈一次。"

景监见商鞅十分坚定，心里一软，硬着头皮又请求秦孝公召见商鞅。

这一次，秦孝公又与商鞅交谈了很久，他终于改变了对商鞅的看法，认为他不错，并对景监说："看来你的这位朋友还是有点才能的，我可以与他谈论国家大事了。"

这次见面之后，商鞅认为一定会受到秦孝公的重用。他高兴地对景监说："这次我与国君谈的是春秋五霸治理国家的方法，看来国君比较感兴趣。如果再有一次这样的机会，我知道该如何说服他了。"

又过了几天，商鞅第四次与秦孝公进行了长谈。这次两人谈得非常投机。两人接连谈了好几天，秦孝公对商鞅赞不绝口。

秦孝公对商鞅态度的巨大变化，令景监感到非常诧异，他问商鞅："你是怎么知道国君的心思而获得他的垂青的？"

商鞅回答："之前我与国君的几次交谈，都提出了用帝王之道来治理秦国，日后必能见到像夏、商、周那样的盛世，但国君却认为我提出的做法耗时漫长，自己等不了。他觉得英明的国君都是在自己在位之时就能名扬天下，他不能默默无闻地用几十年的时间为将来打基础，应该现在就成就霸业。因此，这一次我提出的是富国强兵的具体策略，虽然无法保证将来出现盛世，但在短期内一定可以收到成效。因此国君非常高兴。"

没过几天，秦孝公便任命商鞅为左庶长，商鞅的才能终于有了施展的机会。

> **画外音**：商鞅前两次交谈的失败，是因为不知道秦孝公究竟要的是什么，而到了第三次才明白秦孝公要的是一个短期能见效的策略。因此到了第四次，商鞅有的放矢，终于受到秦孝公的垂青。

◎ 一场论战改变了秦国的国策

商鞅上任后，很快遇到了一个难题，那就是秦孝公很想对秦国的法令和制度进行大刀阔斧的改革，却又担心这种做法会遭受巨大的非议。因此，秦孝公一直在犹豫不决。

商鞅经过一番了解，认为秦国的改革势在必行，而且刻不容缓。但是，该如何才能使秦孝公下定决心呢？

商鞅想了很久，最终还是决定采用最为直接的方式，将自己的看法和观点和盘托出，竭尽全力说服秦孝公。

　　于是，商鞅在朝堂上说："做事情犹豫不决是绝对干不了大事的，而采用非常举措就必然会遭到平常人的非议。因此，在行事之前千万不能与平常人商量，只能在成功后让他们享受成功的快乐。真正追求崇高道德的人，是不会理会世俗看法的；能建立丰功伟业的人，更不会与平常人共谋。因此，圣人认为：能够使国家强盛，就不必墨守成规；能够对百姓有利，就没有必要循规蹈矩。"

　　秦孝公闻听此言，精神为之一振，不禁脱口而出："说得好！"

　　不过，大臣甘龙却对商鞅的说法不以为然。他说："这话不对！圣人采用的是在不改变民俗的同时施行教化，不花费精力就能取得成功，沿袭旧法不仅官吏们非常熟悉，老百姓也会适应。"

　　甘龙话音刚落，商鞅立即提出了反对意见："甘龙所说的，正是世俗的偏见。一般人满足于以前的习俗，读书人又局限于书本上学到的知识，这两种人当官、守法还可以，但与他们谈论现行制度之外的东西就不行了。

　　"夏、商、周三代，虽然制度不同，但都能一统天下；五霸的法令和制度差异极大，却都成就了霸业。聪明人制定法令制度，愚笨之人被法度约束。贤能之人能改变礼仪，普通人只能受制于礼仪。"

　　商鞅转过头，对甘龙说："治国并不是只能用一种方法，凡是对国家有利的措施都可以施行，不必凡事效仿古法。古代商汤和周武王不遵循古法，照样实现天下统一，夏桀和殷纣墨守成规导致亡国。因此，就算反对古法也不应该遭到指责，遵循古法也不值得称赞，一切都要看是否对国家有利。"

秦孝公听完商鞅的话，非常兴奋，终于打消了顾虑，命商鞅在秦国推行改革。至此，秦国开始发生翻天覆地的变化。

◎ 改革就要坚决和果断

经过一段时间的分析、研究，新法令终于制定完成了。但如何才能让秦国的百姓认为自己会言出必行，确保法令能够有效施行呢？

商鞅想出了一个办法。

一天，商鞅命人在国都市场南门竖起了一根三丈长的木头，并宣布谁能将木头从市场南门搬到北门，就奖赏十金。

百姓以为这是一出恶作剧，没有一个人愿意上前尝试。

商鞅又宣布，将赏金提高五倍。

这时候，终于有一个年轻人站了出来，他将木头从南门搬到了北门。商鞅当时就把五十赏金给了他。这件事情迅速传遍了都城，百姓都相信商鞅言出必行。

不久后，商鞅的新法令便在秦国全面颁布实施了。

新法令规定：百姓以五户为"伍"，十户为"什"，每户之间相互监视。一户犯法，十户一起治罪。不向官府举报违法之人者处以腰斩之刑；告发违法者，按照军人斩杀敌人首级一样受赏；藏匿违法者，与投降敌人遭受同样的惩罚；为私利而斗殴者，

按情节轻重施以不同的刑罚。

每户有两个以上男丁的，若不分家则加倍征收人头税。从事农业生产、耕田织帛获得丰收之人，可免除本人的徭役。从事工商业却生性懒惰及贫困之人，就将他们的妻子全部收编为官府的奴婢。

作战有功之人，按照军功标准升爵受赏。没有军功的国君宗亲，不得列入家族名册，不能享受特权。秦国所有贵族爵位、俸禄都按照军功的大小而定等级，所拥有的土地、房屋、奴婢及其他物品，也要按照爵位的等级进行明确规定。

新法实施一年后，仍有不少百姓抱怨商鞅的改革措施过于严苛，部分王公贵族也对此非常不满，甚至连太子也以身试法。商鞅表示："新法之所以不能顺利推行，主要原因就是来自上层的抵触。"于是，商鞅下令对太子犯法一事进行追究。

由于太子是国君的继承人，不能施以刑罚。于是，商鞅便处罚了太子的老师公子虔，并将另一位老师公孙贾处以黥刑。秦国再也没人敢违抗新法了。

新法施行三年后，秦国将国都从雍地迁到了咸阳，并推行了一系列新政策：下令禁止百姓父子兄弟同在一室居住，又把小城镇村庄合并成县，设置县令、县丞，一共设置了三十一个县。此后，拆除井田上旧有的道路疆界，努力开垦荒地，按照统一的标准征收赋税，并统一了度量衡。秦国的面貌发生了显著的变化。

新法施行的第四年，公子虔再度违法。商鞅下令，对其施以劓（yì）刑。这次判决对秦国部分暗中抵触新法的贵族震动极大，他们不得不开始遵守新法。

又过了十年，新法在秦国取得了成功。老百姓拍手称赞，家家富裕，户户殷实。即便是有人在路上丢了财物，也没人去捡，城镇和乡村的秩序安定，人们都以为国效力而感到荣耀。那些当年指责新法的人也纷纷改变了态度，秦国变得越来越强大。

在秦国朝野的一片赞誉声中，商鞅被秦孝公晋升为大良造，从此，秦国开始了一系列的对外扩张。

◎ 功绩卓著，被封为商君

公元前 341 年，齐国与魏国爆发战事。孙膑采用围魏救赵的策略，诱使魏军回援，在途中设下埋伏，杀了魏军将领庞涓，此后又俘虏了魏国的太子申。

齐国的这次胜利，使商鞅看到了扩大秦国疆域的绝佳机会。于是，他向秦孝公说："秦国和魏国的现状，不是他们吞并我们，就是我们吞并他们。魏国地处险要，建都安邑，独占了崤山以东的有利地形，一旦有机会就会向西侵犯我秦国国土，否则只能向东扩张。

"而魏国去年败于齐国之手，损失惨重，失去了霸主地位，而我们秦国在大王的英明领导下迅速崛起，可以利用这个机会向魏国发动进攻，魏国难以抵抗。一旦魏国战败，就必定会向东迁移。这样一来，秦国就可以占据黄河、崤山一带，依靠这样险要的地势，

威慑各诸侯国，就能建立霸主之业。"

秦孝公点头称是，随即任命商鞅为统帅向魏国发动进攻。

得知秦军入侵，魏国派出公子卬率部迎战，两军随即展开对峙。

战事打响前，商鞅给公子卬写了封信。他在信中表示："我与公子以前关系不错，现在却各为其主成了仇敌。很不愿意与您交战，不如我们见一面，痛痛快快饮酒欢聚，然后签订盟约，两国退兵，秦国和魏国都能太平无事。"

公子卬认为商鞅说得很有道理，便答应了商鞅的请求，两人随即见面并签订了盟约，之后坐在一起饮酒作乐。不过，公子卬做梦也没想到，所有的这一切都是商鞅设下的圈套，目的是将这位魏军统帅生擒活捉。

就在两人喝酒时，早已埋伏一旁的秦国武士一拥而上，将公子卬抓获，并对群龙无首的魏军发起总攻。魏军猝不及防，被秦军消灭。随后，商鞅得胜还朝。

得知公子卬被俘，魏惠王大怒，多次出兵攻打秦国，但商鞅又联合了齐国一起向魏国发起反击。经过数次激战，魏军损失惨重，国力日渐空虚，魏惠王惊恐不安，派使者来到秦国求和。

经过谈判，魏国不得不将国都从安邑迁到了大梁，又割让了黄河以西的大片土地给秦国。

谈判结束后，魏惠王后悔不已，他感慨说："我真后悔当年没有听公叔痤的话啊！"

就在魏惠王追忆公叔痤的同时，商鞅的威望在秦国越来越高。

为了奖励这位有功之臣，秦孝公下令将商、於两地的十五个城邑封给了商鞅，号为商君。

至此，秦国走向了强盛之路。

【原著精摘】

令既具①，未布，恐民之不信，已乃立三丈之木于国都市南门，募民有能徙置北门者予十金。民怪之，莫敢徙。复曰："能徙者予五十金。"有一人徙之，辄②予五十金，以明不欺。卒下令。

【注释】

①具：准备就绪。

②辄：就。

【译文】

新法准备就绪后，还没公布，商鞅恐怕百姓不相信，就在国都市场的南门竖起一根三丈长的木头，招募百姓中能把木头搬到北门的人，悬赏十金。百姓觉得很奇怪，没人敢去搬动。商鞅又下令："能把木头搬到北门的人，赏五十金。"有一个人真的把它搬到北门，立即就赏赐了他五十金，借此表明令出必行，绝不欺骗。这才颁布了新法。

合纵六国：苏秦的故事

仅凭一人之力，苏秦说服六国共同抗秦，自己身兼六国国相的重任。因为这份成功，强大的秦国竟然十五年不敢跨过函谷关。

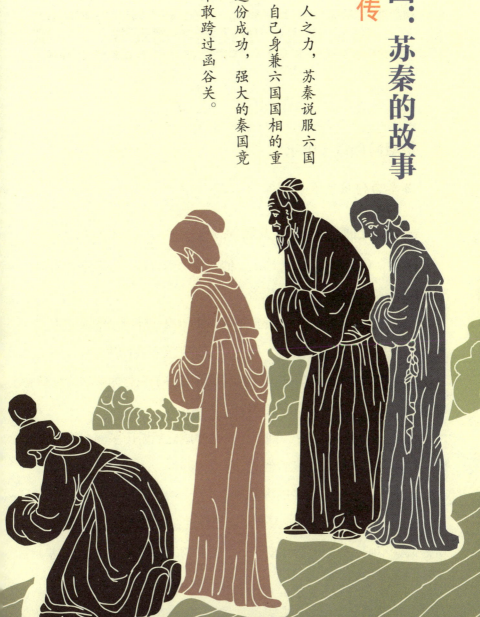

游说诸国：历经挫折遭耻笑

带着问题读《史记》

苏秦为何被家人耻笑？

◎ 四处碰壁，遭家人耻笑

苏秦，东周雒（luò）邑人。他曾求师于鬼谷子。苏秦外出游说数年，穷困潦倒地返回了家乡。

苏秦刚想躺下休息，却听到隔壁屋里传来一阵嘈杂的谈话声。原来，是哥哥、弟弟、妹妹、嫂子、妻子和妾正在聊天。

只听见大嫂说："前几年苏秦不是拜鬼谷子先生为师学习纵横之术吗？怎么这次回来如此潦倒？"

另外一个声音说了："别提了，他学成之后游历多国，想学以致用，可惜没一个人愿意听他的。"

苏秦一听，这是妻子的声音。

又有一个人说："早就跟他说过要好好在家务农，这才是根本。可他偏偏不听，只知道耍嘴皮子。现在好了，几年下来，越混越差，把咱们家族的颜面都丢尽了！"

这是大哥的声音。

只听弟弟苏代说："你们都别这么说。哥哥在外也不容易，事业不成或许是运气不好。假以时日，哥哥一定能成功！"

……………

苏秦越听越觉得心酸。几年前拜鬼谷子先生为师，学习纵横之术，为的就是出人头地、光耀门楣，可偏偏闯不出名堂，弄得家人在背后议论。苏秦心中开始疑惑："莫非是自己学艺不精，没有掌握老师传授的知识才导致如此下场？"

苏秦越想越睡不着觉，他索性爬了起来，盯着屋内自己的藏书发呆。

第二天，苏秦便闭门不出，重新开始认真读书。

过了一阵子，苏秦将大部分的书都看完了。

他感叹道："学了这么多知识，却得不到荣华富贵，书读得多，又有什么用呢？"

于是，他将之前读过的书扔在一旁，找到一本周代兵书《阴符经》，花了整整一年的时间仔细阅读和揣摩书中的内容。最终，苏秦认为自己已经理解了该书的精髓，心情非常激动，自言自语地说："这真是一本好书啊！凭借在这本书中学到的知识，我可以去游说各国的国君了。"

🔶 游说不成，无颜回家

没过几天，苏秦背上行囊，告别家人，来到距离家乡不远的雒邑城求见周显王，打算对周显王进行游说。

不过，周显王手下的大臣们早就听说苏秦这几年来的落魄事儿，非常瞧不起他，将他当成了一个笑话。而周显王与苏秦交谈后，也觉得苏秦是个只知夸夸其谈的人，并无真才实学，对苏秦的态度非常冷淡。苏秦这一次的游说失败了。

此后，苏秦到了秦国。此时秦孝公已经去世，继位的是秦惠王。

苏秦对秦惠王说："秦国堪称天府之国，足以吞并天下！"不过，还没等苏秦说完，秦惠王便冷冷地回答："一只小鸟的羽毛尚未完全长成，绝对难以展翅高飞。一个国家的政策和法令还未得到完全地贯彻和执行，哪能去兼并其他的国家。"

秦惠王的一番话，使得两人的交谈不欢而散。后来苏秦才明白过来，原来变法的商鞅刚被处死，秦国上下都很讨厌游说之士，自然难以说服秦惠王。

游说秦惠王不成，苏秦又来到了赵国。而赵国的国相奉阳君也很不喜欢苏秦，根本不给苏秦与赵国国君见面的机会。苏秦无奈，只好离开赵国去往燕国。

苏秦到了燕国，待遇与在赵国非常类似，根本见不到国君燕文侯。此时的苏秦已经没有脸面再次回到家中，只好在燕国待了下来。

画外音：苏秦早年游说遭遇挫折的原因有两个：一是经验不足导致名声不佳，二是时机不对。

【原著精摘】

出游数岁，大困①而归。兄弟嫂妹妻妾窃皆笑之，曰："周人之俗，治产业，力工商，逐什二以为务②。今子释本③而事口舌，困，不亦宜乎！"

【注释】

①困：窘迫。

②逐什二以为务：追逐十分之二的盈利视为正业。

③释本：丢弃本来应该从事的职业。

【译文】

苏秦在外游历多年，穷困潦倒，被迫回到家中，兄嫂、弟弟妹妹、妻和妾都偷偷讥笑他，说："按照东周人的习俗，人们都经营农业、从事工商，以获得十分之二的盈利视为正业。如今你丢弃本来应该从事的职业而去干耍嘴皮子的事情，穷困潦倒，不也应该嘛！"

六国封相：一举成名天下知

◀ **带着问题读《史记》** ▶

苏秦为何能得到燕文侯的赏识？

⊙ 燕文侯给了苏秦一次机会

一年之后，苏秦终于得到了一次与燕文侯见面的机会。

苏秦对燕文侯说："燕国东临朝鲜和辽东，北面是林胡和楼烦，西面是云中和九原，南面有滹（hū）沱河与易水，国土两千多里，军队几十万，战车六百辆，战马六千匹，存粮可供全国百姓食用数年。同时，燕国不但有碣（jié）石、雁门这样的富饶土地保证粮食产量，还有北部大片可以种植枣栗的地区，不愧是天府之国。"

燕文侯听到苏秦的一番恭维，心情大为愉悦，笑了笑。

苏秦继续说道："为何燕国这么多年的发展如此顺利呢？这与我刚才提到的燕国的地形有着很大的关系。燕国的南面是赵国，起到了极佳的屏障作用。秦国与赵国常年为敌，双方力量都遭受了不同程度的削弱。他们担心大王会趁机以举国之力进犯，因此都不敢轻易入侵。不过，我倒是觉得，在这样的大好局面下，大王应该抓住时机，有所作为。"

燕文侯一听，来了兴趣，连忙问道："那请先生说说我该怎么做呢？"

苏秦说："我认为，必须与赵国联合起来，之后再与其他诸侯国形成合纵，这样才能保证燕国的长治久安。"

燕文侯非常高兴，但却有点信心不足。他对苏秦说："你的话很有道理，但我们燕国弱小，西面与强大的赵国毗邻，南面又有实力强劲的齐国。这两个国家都是强国。如果你能想办法通过联合来保证燕国的安全，我愿意拜先生为国相。"

于是，苏秦成了燕国的国相。不久，燕文侯便给了苏秦很多车马、黄金、布匹，派他出使赵国。

> **画外音**：苏秦得到燕文侯的赏识，主要是因为他准确地分析了燕国所面临的内外环境，并提出了切实可行的长治久安之道。这也体现了苏秦良好的大局观和准确的分析判断能力。

🔘 赵肃侯也给了苏秦一次机会

苏秦来到赵国，当年讨厌苏秦的奉阳君已经去世，苏秦很容易就见到了赵国的国君赵肃侯。

苏秦对赵肃侯说："天下人都对您非常仰慕，很愿意为您效命。只可惜奉阳君嫉贤妒能，把持朝政，使您无法吸纳更多的人才。

如今他已经去世，你可以直接接触士民和百姓，所以我才敢将自己的想法如实相告。"

接着，苏秦又针对赵国内外形势做了分析。

首先，让赵国局势平稳，就必须选择同盟，但无论是选择齐国还是秦国，赵国都会遭到另外一国的威胁，难以稳定局势。这说明，单单联合一个国家起不了多大作用。

其次，赵国目前面对的主要对手是秦国。秦国一直想削弱并消灭赵国。之所以赵国能生存至今，主要是因为有韩国和魏国的存在，这两国在赵国南部起到了屏障的作用。但如果没有了这两国，赵国的形势岌岌可危。因此，赵国必须与韩国和魏国建立联盟关系。

最后，想要对付强大的秦国，单靠一个或两三个国家的力量并不够，应该将韩国、魏国、齐国、楚国、燕国和赵国联合起来，各国派出高级官吏齐聚洹（huán）水，互相交换人质，杀白马歃（shà）血为盟。一旦六国结成一体，秦国就不敢出兵进犯。如此一来，赵国将永享太平。

赵肃侯对苏秦的建议很有感触，当即表态说："寡人年轻，继位时间也不长，经验不足，从未听过类似先生这样的宏伟大计。如果先生有计策能让各诸侯国得以安定，寡人承诺赵国一定会全力支持！"

随后，赵肃侯赐给苏秦一百辆马车、一千镒黄金、一百双白璧、一千匹锦绣，让他去游说其他各国。

◎ 韩国和魏国都给了苏秦一次机会

就在苏秦游说赵国成功后不久，秦国国君秦惠王出兵魏国，占领雕阴地区，俘虏了魏国将领龙贾，并扬言要继续向其他国家发起进攻。

苏秦担心秦国即将大举进攻赵国，便设计离间了秦军的主将，让秦惠王放弃了原定的进攻计划。赵国的形势得到了缓和。苏秦随即来到韩国，对韩国国君韩宣王进行游说。

苏秦对韩宣王说，韩国有坚固的防御工事和强悍的军力，但却选择臣服于秦国，被各诸侯国所鄙视。况且秦国贪得无厌，一定会谋取宜阳和成皋等地。韩国如果答应割地，过不了多久秦国还会提出继续让韩国割让土地的要求。这样一来，韩国的国土面积将不断缩小，最终被秦国吞并。如果韩国不答应，又会遭受无情的战火。

苏秦说："我听过一句俗语，说是宁做鸡嘴，不做牛尾。如今大王向秦称臣，与做牛尾有什么两样？以大王的贤明，以韩国军队的强大，却要背负牛屁股的恶名，我真是替大王和韩国感到羞耻！"

韩宣王听完苏秦的一番话后，仰天长叹道："寡人虽然没有出息，却也不会臣服秦国。寡人愿意将韩国交给先生，听从您的安排。"

成功说服韩国后，苏秦又来到了魏国，对国君魏襄王进行游说。

与之前说服赵国、韩国的方法一样，苏秦一开始将魏国的地形、人口、军力优势进行了一番夸赞，然后提出魏国选择臣服于秦国是一个极其错误的选择。

苏秦对魏襄王说："魏国之所以面临如此困境，都是因为大王手下有一些奸佞小人，他们不但出卖了魏国，也背叛了大王您。如果大王不能早日醒悟，必将大祸临头。大王要是肯听从我的建议，实现六国合纵的计划，就再也不会畏惧强大的秦国了。"

魏襄王听完苏秦的一番话，义愤填膺，仰天长叹道："寡人定不会听信谗言臣服秦国。寡人愿意将魏国交给先生，听从先生安排。"

至此，韩国和魏国先后答应了苏秦提出的合纵主张。

◉ 苏秦身兼六国国相

之后，苏秦又来到了齐国。他对国君齐宣王说，齐国地理位置优越，兵精粮多，国力强盛，在六国中的实力最强。但齐国也出现了重大的战略失误，没有进一步扩大在诸侯国中的影响，却臣服于秦国。

苏秦说："齐国臣服于秦国，是贵国部分大臣在战略选择上的重大失误，幸好大王还没有做出最后的决定。我想告诉大王的是，齐国国力强盛，完全可以依照自己的意愿发展和壮大。请大王慎重考虑，以便做出最有利于齐国的决定。"

齐宣王的反应与其他国君一样，他对苏秦的策略非常佩服，答应放弃与秦国结盟的念头，转而听从苏秦的安排，与其他五国结盟，共同对抗秦国。

之后，苏秦又来到了楚国。

此时楚国国力与其他五国有着很大的区别。它是除了秦国之外最为强大的国家，不仅国土面积纵横五千多里，军队也有百万之众，战车一千多辆，战马数万匹，存粮足足可用十年。

苏秦对楚威王说："秦国就像虎狼一样凶残，素有吞并天下的野心，它是各诸侯国共同的敌人。而楚国又是秦国最为忌惮的对手，秦国强大，楚国就会被削弱，反之亦然，两国无法共存。

"想要保持楚国的强盛，就必须与其他诸侯国进行合纵，共同对抗秦国。合纵一旦成功，其他诸侯国就会割让土地侍奉楚国。如果各自为政，楚国就要割让土地给秦国。大王您觉得哪一个最为适合您呢？"

苏秦的话，使楚威王明白了合纵对于楚国的巨大好处，随即答应了苏秦的建议。至此，苏秦的合纵之策得到了燕国、赵国、韩国、魏国、齐国、楚国等六个诸侯国的支持，六国合纵成功，苏秦被六国委任为纵约长，同时兼任六国的国相。

画外音：苏秦能合纵六国，与其敏锐的目光有着密切的关系。他利用了六国对秦国的忌惮，大胆提出六国合纵的主张，这也是当时唯一可行的遏制秦国扩张的有效方法。

◉ 苏秦荣归故里

实现六国合纵后，苏秦赶回了赵国，向赵肃侯汇报这趟出使的具体情况。途中，苏秦经过家乡雒邑。

听说苏秦即将回到雒邑，周显王想起了当年自己对苏秦的冷漠态度，心中非常害怕。为了与苏秦搞好关系，周显王下令对道路进行翻修，并亲自来到郊外迎接苏秦，还送了大量的礼物。

对于周显王的做法，苏秦一笑置之，双方的隔阂从此烟消云散。

苏秦回到家中，发现无论是兄弟、嫂子还是妻妾都弯腰伏地，甚至不敢抬头正视他。到了吃饭时，他们的态度也非常恭敬。这让苏秦的心里非常过意不去。

他笑着对嫂子说："为什么你以前对我那样不屑，现在却又如此恭敬呢？"

嫂子吓得匍匐在地，以脸贴地，向苏秦请罪，战战兢兢地回答："因为小叔现在地位尊贵，钱财多啊！"

听了嫂子的回答，苏秦心中十分感慨，他叹口气说："同样是我，贫贱之时被亲戚藐视，等到富贵了，亲戚们又都非常敬畏。亲戚尚且如此，更何况是一般人呢？假如我在雒邑城外有良田两顷，安心种地，难道我还能当上六国的国相，携带六国相印吗？"

苏秦回到赵国，赵肃侯封他为武安君。苏秦后来命人将六国的盟约交给了秦国，秦国十五年不敢东出函谷关对六国发动进攻。

◎ 为燕国讨回十座城池

苏秦的合纵之术，令秦国不敢明目张胆与六国为敌，只能另谋他法，破坏联盟。

过了几年，秦国终于想出了一条毒计，派大臣犀首以割地、送礼为条件，诱骗齐国和魏国一起攻打赵国。赵王为此非常愤怒，谴责苏秦没有尽到纵约长的责任和义务。

苏秦受到赵王的责骂，心中非常害怕，提出出使燕国，并保证为赵国讨回公道。但当苏秦离开赵国后，赵国宣布与齐国和魏国绝交。至此，六国合纵的局面结束，秦国计谋终于得逞。

后来，秦惠王又将女儿嫁给了燕国的太子，这位太子成了燕国的国君，也就是燕易王。

就在燕易王刚刚继位、燕国局势不稳之时，齐国突然发兵进攻燕国，并很快夺取了燕国的十座城池。燕易王无奈，只好请来了苏秦说："以前先生在燕国的时候，先王曾资助先生达成合纵的伟业。如今齐国先是攻打赵国，又进攻我燕国。合纵之策失败，都是因为先生办事不力所致，先生也因此受到天下人的耻笑。如今先生能替寡人收复国土吗？"

苏秦听了这番话，内心惭愧，他对燕易王说："请让我出使

齐国，我保证一定会将燕国的失地收回来！"

等苏秦与齐王见面后，苏秦先是拜了两拜，第一拜是对齐王表示祝贺，第二拜则表示哀悼。

齐王非常诧异，询问原因。苏秦说："我听说就算再饿，人也不会去吃乌喙（huì）这种有毒之物，因为尽管它能填饱肚子，但

会让人死得更快。燕国虽然弱小，但燕易王却是秦王的女婿。大王虽然得到了燕国的城池，却会因此与强大的秦国为敌。如果秦国以此为借口进犯齐国，齐国就危险了。这就好像是饥饿的人去吃乌喙一样。"

齐王听了，心中十分担心，便询问苏秦应对之策。

苏秦说："善于把握机会的人，能将灾难变成机遇。大王如果认同我的计策，就请立即将城池全部还给燕国。这样的话不但燕国会因此而与齐国化敌为友，也会令秦国与齐国的关系得到改善和加强。从表面上看是大王臣服于秦国，但实际上却使用十座城池而得到了天下，这就是霸王的功业！"

于是，齐王便将十座城池还给了燕国。

苏秦高高兴兴回到燕国向燕易王汇报了这一大好消息，燕易王虽然高兴，却没有加封苏秦任何官职。原来，在苏秦前往齐国期间，有人向燕易王进谗言，败坏苏秦的名声。

没过几天，苏秦再度求见燕易工，将自己的委屈和志向作了一番表白，终于感动了燕易王。燕易王随即下令，重新任命苏秦为国相，对苏秦也更加尊重。

◉ 苏秦之死

苏秦重新得势，欣喜若狂，冲动之余，竟然与燕易王的母亲私通，此举很快被燕易王发觉。不过，燕易王并没有因此降罪苏秦，反而对苏秦的态度越发客气。

燕易王此举令苏秦非常害怕，担心迟早有一天会被燕易王处死。于是，他找了个机会，假装得罪燕易王，然后离开燕国逃到了齐国，成了齐宣王的客卿。

数年后，齐宣王病逝，齐湣（mǐn）王继位。苏秦故意建议齐湣王大肆操办齐宣王的葬礼，随后又提出大兴土木建造宫殿，以彰显齐国的富裕。昏庸的齐湣王不但采纳了苏秦的所有建议，还对苏秦恩宠有加，令不少齐国大臣愤愤不平。

又过了几年，有大臣因不满苏秦得势，派出刺客暗杀苏秦。苏秦受了重伤，刺客也趁机溜走。齐湣王下令捉拿凶手，但始终没有捉到。

此时的苏秦奄奄一息，他对齐湣王留下遗言说：“我就快要死了。请将我的尸体车裂并游街示众，对外宣称我是燕国的奸细，奉命来祸乱齐国。这样一来，就一定能找到杀害我的凶手了。”

齐湣王按照苏秦的遗言做了。不久后，凶手果然自己现身，齐湣王下令将此人处死，终于为苏秦报了仇。

【原著精摘】

苏秦之昆弟①妻嫂侧目不敢仰视，俯伏侍取食。苏秦笑谓其嫂曰：“何前倨而后恭②也？”嫂委蛇蒲服③，以面掩地而谢曰：“见季子④位高金多也。”苏秦喟然叹曰：“此一人之身，富贵则亲戚畏惧之，贫贱则轻易之，况众人乎！且使我有雒阳负郭⑤田二顷，吾岂能佩六国相印乎！"于是散千金以赐宗族朋友。

【注释】

①昆弟：一母所生的兄弟。

②前倨而后恭：以前傲慢，后来恭敬。

③委蛇蒲服：伏地膝行。

④季子：小叔子。

⑤负郭：靠近城郭的地方。

【译文】

　　苏秦的兄弟、妻子、嫂子都斜着眼睛，俯伏在地上，不敢正视苏秦，小心翼翼地伺候苏秦用餐。苏秦笑着对嫂子说："你以前对我那么傲慢，怎么现在变得如此恭敬？"苏秦的嫂子吓得立即俯伏在地，伏地膝行，脸都快贴到了地面，向苏秦谢罪说："因为小叔子你现在地位尊贵，钱财多啊！"苏秦感慨地叹息道："同样是我这个人，富贵了，亲戚们都敬畏我；我贫贱之时，亲戚们又纷纷轻视我。亲戚尚且如此，更何况是一般人呢？假如当初我在雒阳城外有二顷良田，每日忙于种地，那么如今又怎么会携带六国的相印呢？"于是，苏秦当即将千金散发给亲戚朋友。

连横诸国：张仪的故事

张仪列传

与苏秦出自同门的张仪，使命却恰恰相反。为了瓦解苏秦的合纵之策，张仪出使各国，使尽各种招数，笑到了最后。

同门相助：来到秦国封客卿

带着问题读《史记》

张仪是如何面对困境的？苏秦是怎样暗助张仪的？

◎ 惨遭侮辱，却仍意志坚定

张仪是魏国人，曾与苏秦同在鬼谷子门下学习，在游说方面，苏秦自认为不及张仪。

张仪学成之后去各国游说。有一次，张仪与楚相一同赴宴，席间楚相丢失了玉璧，怀疑是张仪偷走了，于是鞭打张仪。张仪始终不承认，楚相只好放了他。

回到家，张仪痛苦地趴在床上，妻子小心翼翼地为他擦拭着伤口。张仪不时发出低低的呻吟声。

妻子难过地看着丈夫说："你不是被国相请去喝酒吗？怎么弄得满身是伤？"

张仪断断续续地说："喝酒的时候，国相家中丢了一块玉璧。门客们说我一向品行不好，都认为是我偷的。国相听信谗言，将我绑起来暴打，抽了几百鞭子。结果就成这样了。"

妻子叹了口气，说："唉！如果当初你不去跟随鬼谷子先生学习纵横之术，又怎么会遭此不幸！"

良久，张仪又开口了。他对妻子说："你看看我的舌头还在吗？"

妻子被张仪逗乐了，笑着说："废话！要是舌头不在的话，你还能说话吗？"

张仪也笑着说："哈哈，那就好！只要舌头在，我张仪就一定能飞黄腾达。你看我的师兄弟苏秦现在不就在赵国做国相吗？迟早有一天我也能成就像苏秦那样的大业！"

> **画外音**：每个人都会遇到困境甚至绝境，如何面对将决定一生。面对困境，张仪保持了乐观的心态，且意志坚定，这是取得成功的第一要素。

◎ 师兄弟使巧招，张仪却蒙在鼓里

就在张仪念叨师兄弟苏秦的时候，远在赵国的苏秦也在惦记着张仪。

原来，此时的苏秦已经官拜赵国国相，并在积极筹划与促成六国同盟，共同对抗强大的秦国。不过，苏秦非常担心在自己说服其他诸侯国之前，秦国抢先攻打各诸侯国，导致计划落空，但又找不到能够阻止秦国的合适人选，于是便想到了自己的师弟张仪。

一个计策迅速在苏秦的脑海中酝酿而成。

没过多久，苏秦秘密派人来到楚国。来人装作不认识张仪，对张仪说："您与苏秦是同窗，以前关系密切。如今苏秦贵为国相，而您却碌碌无为。为何您不去投靠苏秦呢？没准这样您能实现自己的理想。"

在来人的鼓动下，张仪离开楚国来到赵国，呈上自己的名帖，要求与苏秦见面。

看到张仪果然如期而至，苏秦非常高兴，随即开始了下一步计划。

他吩咐门客，既不让张仪见到自己，也不让他离开赵国，而是将他安置在驿馆里严密监视。

几天之后，苏秦才召见张仪。此时的张仪已经等得心急如焚。

见到苏秦，张仪非常高兴，而苏秦却脸色阴沉、态度冷淡。不仅只让他坐在堂下，吃饭时给的都是下人所吃的低劣食物。

就在张仪暗自不满之际，苏秦又说了一段话，使张仪恼怒不已。苏秦说："以你的才能，本应该能位居庙堂，没想到你却堕落到如此地步。我不是不能帮助你取得荣华富贵，但我却觉得你不值得我这么做。"说罢，苏秦也不管张仪的神情，将他赶出了府第。

张仪本以为当年的同窗苏秦能在自己落魄的时候施以援手，却万万没料到遭受如此奇耻大辱。他非常生气，发誓一定要报复苏秦。

经过一番深思熟虑，张仪认为各诸侯国中只有秦国有能力对付苏秦所在的赵国，便暗自准备离开赵国前往秦国。

张仪离开苏秦的府第后，苏秦对门客说："张仪的才能在我之上，也只有他才能获得秦国国君的重用。但我很担心他贪图小利，无法成就大事，故用这种方法来侮辱他，激发他的斗志。你替我暗中帮助他。"

于是，这位门客乔装成不认识苏秦的士人，来到张仪所在的驿馆，慢慢接近张仪。

与此同时，苏秦面见赵国国君，将自己的计划如实相告，并要来了很多金币和车马，又让这位门客交给了张仪，却故意不告诉这些物品是谁送给张仪的。

在苏秦的暗中协助下，张仪来到了秦国，与秦国国君秦惠王见了面。秦惠王十分赏识张仪，晋封他为客卿，共同策划攻打其他诸侯国。

眼看自己的任务已经完成，门客借机告辞。张仪对他说："如果不是您的大力协助，我又怎能有今日的成就。我正想报答您，您怎么能离开呢？"

这位门客笑着说："并不是我对您有恩，而是您的师兄苏秦一直在暗中帮助您。他担心秦国侵略其他诸侯国，破坏他的合纵大计。他认为除了您之外，没有人能获得秦王的重用。所以他故意羞辱您，为的是激发您的斗志。我给您的那些金币和车马，都是您的师兄从赵国国君那里要来的。如今您已经在秦国被重用，我的使命完成了，要回去向苏秦大人复命了。"

听完此语，张仪感叹道："这些都是当年鬼谷子老师传授的

知识，苏秦拿来对付我，而我却蒙在鼓里。看来，我远远比不上这位师兄啊！有他在，我又怎么能鼓动国君攻打赵国呢。请您回去后替我谢谢苏秦，告诉他只要他在一日，我不会和他作对。"

依依不舍地送走了苏秦的门客，张仪突然想起当年侮辱自己的楚国国相，于是他亲笔写了一封信，让人交给楚国国相。

张仪在信中说："当年我陪着你喝酒，你却诬陷我偷了你的玉璧，还暴打了我几百鞭子，此仇不报，誓不为人！你好好守住你的国家，用不了多久，我将率大军到你的楚国攻城拔寨！"

> **画外音：**张仪之所以能成就一番大业，与师兄苏秦密不可分。苏秦不但激发了张仪的斗志，还暗中予以协助，为张仪事业的起步做出了巨大贡献。

【原著精摘】

张仪已学，而游说诸侯。尝从楚相饮，已而楚相亡①璧，门下意②张仪，曰："仪贫无行③，必此盗相君之璧。"共执张仪，掠笞数百，不服，醳④之。其妻曰："嘻！子毋读书游说，安得此辱乎？"张仪谓其妻曰："视吾舌尚在不？"其妻笑曰："舌在也。"仪曰："足矣。"

【注释】

①亡：丢失。

②意：怀疑。

③无行：品行不佳。

④醳：通"释"，释放。

【译文】

张仪完成学业后去游说诸侯。他曾陪着楚相一起喝酒，席间楚相丢失了一块玉璧，门客怀疑张仪，说："张仪既贫穷又品行不佳，一定是他偷去了楚相的玉璧。"于是，众人抓住张仪，打了几百鞭子。张仪始终不承认，只好释放了他。他的妻子说："唉！你要是不读书游说，又怎么会遭受如此侮辱？"张仪对妻子说："你看看我的舌头还在不在？"妻子笑着说："舌头还在呀。"张仪说："这就足够了。"

逐个击破：连横之术助秦国

带着问题读《史记》

张仪是怎样瓦解六国合纵的？

🔶 魏国为相，开始连横之术

公元前 328 年，秦惠王派遣公子华和张仪进攻并占领了魏国的蒲阳城。张仪却提出了一个大胆设想，劝说秦惠王将蒲阳城归还给魏国，同时派出秦国的公子繇前往魏国去做人质。

在成功说服秦惠王后，张仪又来到魏国游说魏国国君魏襄王说："秦国对待魏国如此仁义，魏国也应该有所回报才对。"

魏襄王认为张仪言之有理，便将魏国的上郡和少梁地区献给了秦国。由于张仪连横有功，秦惠王随即封张仪为国相。

又过了四年，张仪又为秦国夺取了陕州，并将上郡打造成秦国边陲地区的军事要塞。

公元前 324 年，张仪奉命前往啮（niè）桑，与齐国国相及楚国国相会盟。此后，张仪奉命转到魏国担任国相。

担任魏国国相期间，张仪竭力劝说魏襄王听从秦国号令，迫使其他诸侯国仿效魏国，尊奉秦国。但魏襄王却始终不肯听从张仪的建议。

得知张仪劝说失败，秦惠王大怒，发兵入侵魏国，并占领了魏国的曲沃和平周等地。秦惠王又秘密派人与张仪见面，送给了张仪很多礼品。

张仪自觉惭愧，认为无法回报秦惠王的厚恩。于是，当四年后魏襄王病逝、魏哀王即位后，张仪再次劝说魏哀王臣服秦国，但又遭到拒绝。

于是，张仪暗中联络秦惠王。秦惠王心领神会，派遣重兵入侵魏国，一场大战爆发，魏军遭到重创。

一年之后，齐国与魏国交恶，齐军在观津地区打败魏军。这时，秦国也趁机发难，准备入侵魏国。为扫除障碍，秦国在入侵魏国前，先击败了韩国申差的大军，斩首俘虏八万余众。这场胜利迅速引起各诸侯国的恐慌，魏哀王更是惶惶不可终日。

此时，张仪趁机劝谏魏哀王说："魏国国土不过一千里，兵力不足三十万。地势平坦，无险可守。大王如果不臣服于秦国，秦军必将大举入侵，魏国难逃灭国之灾。"

这一次，魏哀王终于同意了张仪的主张，撕毁了当年由张仪的师兄弟苏秦订立的合纵盟约，彻底臣服于秦国。而张仪圆满完成使命，回到秦国，再度成为秦国国相。

三年后，魏国又想背弃秦国，重新加入六国的合纵盟约。

秦国随即派兵进攻魏国，占领曲沃地区。

在秦国强大军力的震慑下，一年后魏国不得不再度臣服秦国。

◎ 将楚怀王要得团团转

公元前313年，秦国国君想要进攻齐国，但却对齐国与楚国之间的合纵同盟关系非常忌惮。

于是，张仪奉命出使楚国，目的是说服楚怀王放弃与齐国的合纵关系，进而为秦国进攻齐国创造有利条件。

听说张仪出使楚国，楚怀王非常重视，下令将张仪安排在楚国最好的驿馆居住，并亲自去驿馆接见他。

楚怀王表示："我们楚国是个落后而偏僻的国家，不知张先生出使到此有何指教？"

张仪回答："大王若能听进去我的劝告，就应该放弃与齐国的合纵同盟。我们秦国愿意献出商、於一带的六百里土地给贵国，还会献上秦国的美女来服侍大王您。同时，秦国和楚国之间可以相互通婚，让两国成为兄弟之国。如此一来，秦国和楚国都将获益。"

张仪的建议使楚怀王非常高兴。为此，他还罢免了反对他的大臣陈轸（zhěn），废除了与齐国的合纵盟约，任命张仪为楚国的国相，馈赠给他大量的财物，并委派一名将军随张仪来到秦国，接收张仪所说的商、於一带的六百里土地。

不过，就在张仪回到秦国不久，他便假装摔伤卧床不起，连续三个月不上朝。秦国从国君到满朝文武都心领神会，故意不闻不问，这却急坏了想得到秦国六百里土地的楚怀王。

楚怀王听说张仪意外摔伤后，派人做了一番调查，知道了张仪原来是诈伤。但张仪对此早有准备，派人四处放风说自己闭门不出是因为对楚国没有与齐国彻底断绝关系感到不满。

楚怀王信以为真，于是派遣勇士跑到齐国辱骂齐国国君。

齐国国君大怒，也撕毁了与楚国的盟约，转而与秦国结盟。

直到此时，张仪才出面召见楚国的使者。

张仪对使者说："我已经说服秦王献出了六里的土地，你回去告诉楚王接收吧。"

使者一听傻了眼，连忙说："我是奉命来接收六百里秦国土地的，根本不是您说的六里。"

使者回到楚国，将与张仪的对话转告了楚怀王。楚怀王大怒，派遣大军进攻秦国。

秦国早有准备，与齐国组建联军共同抗敌。楚军不敌，八万将士被杀，丹阳、汉中一带的城邑也被秦国占领。

随后，楚怀王又增派大军袭击秦国，再次遭到秦军痛击。无奈之下，楚怀王只好提出割让两个城邑向秦国求和。

不过，此时秦国想要的是楚国黔中一带的土地，便提出以武关之外的土地与楚国交换。楚怀王气急败坏，想起始作俑者张仪，便提出愿意无偿割让黔中地区给秦国，但条件是要张仪出使楚国。

楚怀王的心思，连秦惠王都看得非常清楚。他认为如果张仪真的去了楚国，必将性命不保。但张仪却对秦惠王说："我与楚国的

大夫靳尚私交很好，靳尚又与楚怀王的夫人郑袖来往密切。只要靳尚能让郑袖出面劝阻，楚怀王就不会杀我。更何况我是奉大王之命出使楚国，楚国一定不敢杀我。即便真的杀了我，秦国也能获得黔中的土地，这也是我能为秦国所做的最大贡献，死而无憾！"

◎ 楚怀王最终被张仪说服

张仪来到楚国后，楚怀王果然将他囚禁，准备杀了他解气。而张仪也早已想好了应对之策。他通过靳尚找到了郑袖。经过靳尚的劝说，郑袖果然出面劝阻楚怀王。

郑袖对楚怀王说："张仪作为秦国的大臣，自然要效命秦国的国君。如今我们还没将土地交给秦国，秦国就派张仪来了，这也是对大王的一种尊重。大王不但没有以礼相待，反倒要杀了张仪。一旦张仪死了，秦王震怒之下必定会派兵再度攻打楚国。如果是这样，我还不如早点带上孩子搬到江南去避祸呢！"

楚怀王听了郑袖的劝谏，觉得很有道理，便赦免了张仪，像从前一样礼遇张仪。

就在张仪出使楚国期间，华夏大地出了一件大事，合纵的创始人、张仪的师兄苏秦被车裂。

张仪见有机可乘，立即求见楚怀王，再次向他提出了连横，他建议楚怀王断绝与其他诸侯国的合纵关系，转而与秦国交好。

最终，楚怀王采纳了张仪的建议，重新与秦国交好。

游说韩国成功

离开楚国后，张仪又来到了韩国，他游说韩宣惠王说："韩国地势险要，国土大多不适合种植谷物，韩国百姓因此生活艰难，国库存粮很少。同时，韩国军力弱小，兵力不足三十万。以这样的状况去抵挡秦国的百万大军无异于以卵击石。但在这种情况下，大王手下仍有部分大臣哄骗大王，说大王可以称霸天下。这种说辞不仅会损害韩国的利益，也会严重误导大王。

"如果韩国不归顺秦国，秦国必将向宜阳、成皋、荥阳等地发起进攻，到时韩国将山河破碎。倘若归顺秦国，则可永保太平。

"秦国的愿望是想削弱楚国，而最有条件削弱楚国的国家就是韩国。假如大王能攻打楚国，秦国国君就会非常高兴，战争胜利后，韩国也能从中获得更大的利益。"

张仪的劝说，打动了韩宣惠王。张仪载誉而归。

张仪回到秦国后，受到秦惠王的最高礼遇。秦惠王下令，封赏了张仪五座城邑，封号为武信君，同时令张仪继续出使其他国家施展连横之术。

齐国又被张仪说服

几年后，张仪来到齐国，并与齐湣王进行了一番交谈。

张仪说："大王手下有不少大臣认为齐国是强国，应当有所作为。他们觉得齐国西面有同样强大的赵国，南面是韩国和魏国，

126

只要与这些国家合纵，就能抗衡秦国。但这种思路是错误的。"

齐湣王惊讶地盯着张仪，问："为什么？"

张仪说："我听说当年齐国曾经与鲁国打过三次大仗，鲁国都取得了胜利，但最终鲁国却灭亡了。为什么呢？因为齐国大而鲁国小。之前秦国与赵国在黄河、漳水一带打了两仗，赵国都胜利了。后来又在番吾城两次击败秦国，但此后赵国却遭遇惨败，几十万大军被歼，国土也只剩下了首都邯郸。这就像当年的齐国与鲁国一样，秦国强大而赵国弱小。

"齐国与秦国的情况与齐国与鲁国、秦国与赵国的情况都十分类似。如今秦国与楚国成了兄弟之国，魏国献出宜阳给秦国，赵国归顺秦国并割让出了河间地区。假如大王不归顺秦国，秦国令韩国、魏国攻打齐国南部，再令赵国军队渡过黄河剑指博关。如此一来，临淄、即墨等地必将失守。到那时即便齐国想归顺秦国，也是不可能了。因此，希望大王好好想想！"

齐湣王对张仪的话深有感慨，他说："齐国偏远落后，从来没有人对我说过如此高见。我赞同先生的主张。"

至此，齐国也放弃了合纵之约，转而投靠秦国。

⊙ 张仪又说服了赵国和燕国

成功说服齐国后，张仪又奉命来到了赵国。

张仪对赵国国君赵武灵王说："我奉秦国国君之命，为大王您带来了一个不太高明的策略。十五年来，大王率领六大诸侯国与秦国对抗，使得秦国无法走出函谷关，大王的神威享誉天下。

"不过，经过十五年的奋斗，秦国已经攻下了巴蜀，吞并了汉中，国力大大增强。如今，秦国打算渡过黄河，进占番吾，兵临邯郸城下。秦国希望能效仿上古武王伐纣的故事，在甲子这一天与赵国决一死战。因此，秦王特派我来到赵国通知大王您。"

赵武灵王脸色一变，但没有发作，等待张仪继续说下去。

张仪继续说："以前大王最为器重的人，便是合纵的倡导者苏秦。可苏秦当面一套背后一套。名义上合纵，但他背地里却在祸乱齐国，最终自己也被车裂而死。如今各诸侯国各行其是，楚国、韩国、魏国、齐国都成了秦国的盟友，这等于斩断了赵国的臂膀。如此下去，赵国孤立无援，陷入困境是在所难免的。

"假如秦国派出三支大军，以一支攻占午道，再命齐军渡过清河进抵邯郸以东；另一支进驻成皋，命韩国和魏国的军队驻扎河外；第三路大军驻扎渑池。四国联合进攻赵国，赵国必将灭亡。我不敢隐瞒实情，故此先将这些告知大王。站在为大王着想的角度，我认为大王还不如与秦国的国君在渑池见个面，让秦国按兵不动。请大王早做打算。"

赵武灵王听罢，后背直冒冷汗，他连忙对张仪说："先王在位时，奉阳君专权，欺骗先王。那时候寡人只能整天读书，不能参与国家大事。后来先王去世，寡人在仓促中继位登基，经验、阅历都不足。但寡人一直怀疑当年合纵的做法不符合赵国的长远利益。因此，寡人决定改变以前的国策，割让土地给秦国以示归顺。

先生提出与秦国国君见面的主意，寡人一早就想到了，没想到正准备前去请罪，先生却赶到了，寡人与先生的想法不谋而合。"

张仪的目的又达到了。随后，张仪来到了燕国，说服了燕国国君燕昭王。

至此，张仪的连横之术大获成功，秦国再度成为诸侯国中的霸主。

画外音：张仪连横之术最为高明之处在于，以秦国的强大国力为后盾，找出各诸侯国面临的问题，逐个击破，最终获得了成功。

【原著精摘】

仪曰："亲魏善楚①，下兵三川，塞什谷之口，当屯留之道，魏绝②南阳，楚临南郑，秦攻新城、宜阳，以临二周之郊，诛③周王之罪，侵楚、魏之地。周自知不能救，九鼎宝器必出。据九鼎，案④图籍，挟天子以令于天下，天下莫敢不听，此王业也。今夫蜀，西僻之国而戎翟之伦也，敝兵劳众不足以成名，得其地不足以为利。臣闻争名者于朝，争利者于市。今三川、周室，天下之朝市也。而王不争焉，顾争于戎翟，去王业远矣。"

【注释】

①亲魏善楚：联合魏、楚两国。

②绝：断绝。

③诛：讨伐。

④案：通"按"，掌握、根据。

【译文】

张仪说："我们先与魏国、楚国友好，后进军三川，堵绝什谷的出入口，挡住屯留的通道。接着让魏国断绝南阳，让楚国兵临南郑，秦军出击新城和宜阳，逼近西周和东周的城郊，声讨周王的罪恶，最后攻占楚、魏的土地。周王自知无法挽救危局，一定会献出传国的九鼎宝物。等秦国占有九鼎之宝，再依照地图和户籍，即可挟制周天子，向天下发号施令，天下各国没有谁敢不听从，这是统一天下的伟业。如今的蜀国地处偏僻，也是落后的戎狄之国。我们攻打该国，必将使我们士兵和百姓疲惫不堪，也不能名扬天下，夺取他们的土地也得不到实际好处。我听说追求名位之人要去朝廷，追求利益的人要去市场。如今，三川、周室如同朝廷和市场，大王却不去夺取，反而去争夺戎狄，这距离帝王的伟业就太远了。"

攻无不克：白起和王翦的故事

白起王翦列传

秦国最终得以一统天下，白起与王翦功不可没。但同样是驰骋疆场、战无不胜，白起与王翦的结局却截然不同。不同的性格特征，自然会走出不同的人生轨迹。

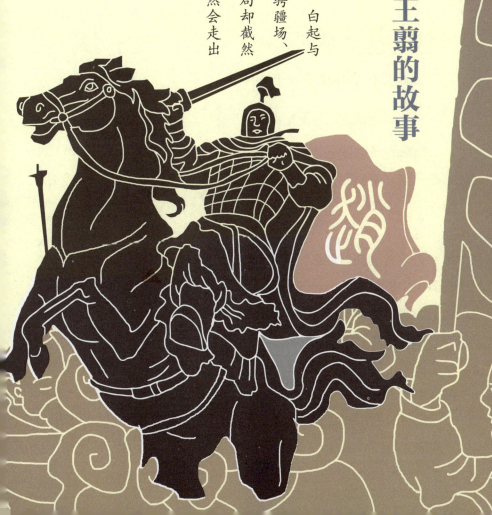

南征北战：一代战神立奇功

带着问题读《史记》

白起为什么要坑杀四十万降兵？

◉ 南征北战，战无不胜

白起，是战国时代秦国郿县人，早年便投身秦国军队，战功卓著。到了秦昭襄王十三年（公元前294年），被封为二十等爵位中的第十级——左庶长。

这一年，名臣魏冉就任秦国国相，积极对外扩张，白起奉命率军进攻韩国新城地区。到了第二年，白起连提两级，成了二十等爵位中的第十二级——左更，率军攻打韩国和魏国，并在伊阙山一役中担任秦军统帅，消灭韩国及魏国联军二十四万，俘虏魏国将领公孙喜，夺取五座城池。

随后，白起又率军渡过黄河，夺取了从安邑以东至乾河一带的韩国土地。由于战绩出色，秦昭襄王先后将白起提为国尉和大良造。

此役过后，白起在秦昭襄王十五年（公元前292年）出兵伐魏，一举攻克魏国城邑六十一座。秦昭襄王十六年（公元前291年），他与司马错一起攻克垣城。到了秦昭襄王二十一年（公元前286年），白起奉命出兵赵国，攻占光狼城。

在随后的十余年间，白起东征西讨，战果辉煌，先后攻占楚国鄢城、邓城等五座城邑，第二年攻入楚都郢城及巫、黔中两郡。在白起的猛攻之下，楚军溃不成军，楚王被迫逃往偏远的陈地，楚国国力被严重削弱。

白起在战场上的出色表现，令秦昭襄王欣喜异常。秦昭襄王二十九年（公元前278年），白起被封为武安君，成了秦国最著名的将领之一。

◎ 东征西讨，再立新功

秦昭襄王三十四年（公元前273年），秦国开始向韩国发动进攻，韩国与魏国、赵国组成联军共同对抗秦军。战斗打响后，白起在华阳一带重创对手，歼灭联军十三万人，俘获多名联军将领，联军统帅芒卯战败逃走。

此后，白起与赵国将领贾偃爆发恶战，俘虏并溺毙赵军士卒两万人。

秦昭襄王四十三年（公元前264年），白起向韩国的陉（xíng）城发动进攻，占领了五座城邑，斩首韩军五万余人。此后的两年间，白起先后出兵魏国的南阳和韩国的野王，不仅切断了太行山羊肠阪道，还截断了上党与新郑之间的道路。

白起在战场上的连战连捷，引起韩国国君韩桓惠王和韩国上下的恐慌。韩桓惠王下令将上党郡献给秦国来换取和平，但这个

决定却遭到上党太守冯亭的强烈反对。

冯亭对上党郡的士民说："如今上党与外界的联系被秦军切断，秦军的攻势越来越猛，韩国不会再管我们了。为今之计，只有依附赵国。如果赵国答应了，就将与秦国为敌。这样一来，赵国就会与韩国一起抵抗秦国。"

上党士民纷纷接受了冯亭的建议。随后，冯亭派人来到赵国，提出依附赵国的请求。赵国国君赵孝成王随即与平阳君和平原君共同商议。

平阳君表示："接受上党郡的弊端要远远大于好处，我们不能接受。"

不过，平原君却说："平白无故得到了一个郡，何乐而不为呢？"

最终，赵孝成王采纳了平原君的建议，封冯亭为华阳君，将上党纳入赵国的控制范围。至此，秦国与赵国的矛盾日益尖锐。

◈ 惊心动魄的长平之战

秦昭襄王四十七年（公元前260年），秦国左庶长王龁率部夺取上党，上党百姓逃往赵国，秦军一路追赶，其先头部队遭到赵国军队的袭击。

同年四月，赵国以老将廉颇为主帅，屯兵长平，与秦军形成对峙之势，双方小规模冲突不断发生。

面对秦军的不断骚扰，廉颇采取坚守不出的战术，依托防御工事展开反击。秦军的多次进攻都被廉颇击退，秦军上下焦虑不已。

不过，廉颇的防御战术却引起好大喜功的赵孝成王的不满。他数次派人来到长平，斥责廉颇战术使用不当，未能尽快歼灭秦军。

赵孝成王对廉颇不满的消息很快传到了秦国，秦国国相范雎见有机可乘，派人带着千金来到赵国施行反间计，并在赵国散布消息说："秦国最惧怕的是赵国大将马服君的儿子赵括，廉颇很容易对付。要不了多久，廉颇将投降秦国。"

赵孝成王原本就对廉颇的战术不满，听到这个消息后他信以为真，立即撤了廉颇的职务，改由赵括担任长平赵军的统帅，令他尽快击败秦军。

得到赵军统帅易主的消息后，秦国立即秘密下令由白起担任前线主帅，以王龁为副将，重新调整战术，准备给长平的赵军以致命一击。

赵括来到长平前线，立即下令主动出击。秦军佯装失败，向后撤退。等赵军攻至秦军营寨后，秦军开始发动反击，又以两支奇兵截断了赵军的退路。战局瞬间发生逆转，赵军被分割成两段，陷入秦军的重重围困。

得知赵国四十万大军被围的消息，秦昭襄王大为兴奋，亲自前往河内督战。同时，秦昭襄王下令征调全国十五岁以上的壮丁加入秦军并投入长平战场，力图将赵军全歼。

到了同年九月，被围的赵军已经断粮四十六天，军中自相残杀，不得不以人肉为食。最终，走投无路的赵军向秦军发动强攻，企图突破重围。不过，秦军早已在白起的率领下严阵以待。赵军连续冲击秦军阵地，都被秦军击退。

最终，白起一声令下，秦军发动总攻。早已筋疲力尽、斗志全无的赵军全线崩溃，四十万赵军投降，白起取得了长平之战的胜利。

不过，在如何处置被俘的四十万赵军的问题上，秦国上下却

出现了巨大的意见分歧。秦昭襄王询问白起的意见。白起说："当初我军攻陷上党，上党百姓却不愿意归附秦国而投靠赵国，赵国的士兵反复无常，不全部杀掉，将来会出乱子。"

于是，白起将四十万赵军全部活埋，只留下二百四十个年轻的赵军士兵，将他们释放回赵国报信。

白起坑杀四十万赵军的消息一经传开，赵国举国震惊。

> **画外音**：白起坑杀四十万降兵，是其残暴性格的表现。不过，白起也有两个方面的考虑。首先是他认为被俘的赵军对秦国仍有巨大的威胁，其次是四十万赵军每日的粮食供应对秦国造成了沉重负担。

◉ 范雎从中作梗，阻挠秦军脚步

秦昭襄王四十八年（公元前 259 年），秦军再度攻克上党郡，之后大军兵分两路，一路由王龁指挥，向皮牢地区进军，另一路由司马梗指挥，向太原进军。

秦军的攻势，令赵国和韩国震惊不已。他们派遣辩士苏代前往秦国，以重金贿赂秦国国相范雎。

苏代对范雎说："白起擒杀了赵括，即将围攻邯郸，赵国的灭亡指日可待。一旦赵国灭亡，秦王就能君临天下了。白起在南方平定了鄢、郢、汉中，在北方歼灭了赵国的四十万大军，这份功绩堪比周公、召公和吕望。一旦秦王统一天下，白起必定被封为三公。先生您甘心位居白起之下吗？就算您不愿意，到时候也没有办法改变了。"

范雎面露不悦之色。苏代一看，知道刚才的话已经打动了范雎，于是继续说："秦国曾经进攻韩国，包围邢丘、攻占上党，但上党的百姓却不愿意归顺秦国而改投赵国，这说明老百姓根本不乐意成为秦国的臣民。灭亡了赵国，赵国北部地区的百姓将归服燕国，东部地区的百姓将归服齐国，南部地区的百姓将归服韩、魏，那么您能得到的又有多少呢？还不如趁此机会允许韩国和赵国割地求和，不让白起独享功劳。"

苏代的一番话，说得范雎点头称是。

没过几天，范雎便上奏秦昭襄王说："我军久经征战，早已疲惫不堪，不如准许韩国和赵国割地求和，秦国可以借此机会休养生息。"

秦昭襄王采纳了范雎的意见，提出让韩国割让垣雍、赵国割让六城，与两国罢兵休战。

得知范雎从中作梗，阻挠秦军战事，白起非常恼怒，从此与范雎有了矛盾。

◉ 一代名将的悲剧

由范雎劝来的和平没能维持多久。秦昭襄王四十八年（公元前259年）九月，秦昭襄王命五大夫王陵为将军增援前线秦军，而此时的白起却因为生病没有随军参战。

第二年正月，秦军对邯郸城的攻势越发猛烈。经过一番激战，王陵不但没拿下该城，反而损失了四千多人。

战事失利，秦昭襄王非常焦急。恰巧此时白起痊愈，秦昭襄王便想让他接替王陵的职务，指挥邯郸之战。

但此时的白起却对邯郸之战有了新的见解。他说："邯郸城易守难攻，其他诸侯国的援兵不久也将兵临城下，各诸侯国对秦国的怨恨已经很久了，而秦国在长平之战中虽然打败赵军，但也损失惨重，国内兵力空虚。我军主力远在邯郸作战，如果赵国与其他诸侯国里应外合，我军必将惨败。"

白起的劝谏并没有被秦昭襄王采纳，他亲自下令让白起挂帅出征，被白起拒绝。后来，秦昭襄王又让范雎前去劝说白起，白起想起范雎阻挠秦军作战的往事，心中更为恼怒，谎称自己生病，坚决不肯出征。

白起不肯挂帅，秦昭襄王也来了脾气，下令秦军继续猛攻邯郸。但没过几天，楚国派出的春申君和魏国公子信陵君的数十万援军就赶到了邯郸城外，与城中守军夹击秦军。秦军腹背受敌，伤亡过半。

得到前线失利的消息，白起痛惜道："秦王没有听从我的建议，这才有了今日之败！"

白起之语很快被秦昭襄王得知，秦昭襄王大怒，强令白起为将，率部增援邯郸。但白起再度提出自己生病，无法前往。范雎也又一次来到白起府第去请，白起坚决不从。秦昭襄王终于按捺不住怒火，下令罢免白起的官爵，将其降为普通士卒。

又过了三个月，各诸侯国的军队加强了对秦军的攻势，秦军节节败退，前线派来求援的使者络绎不绝。

秦军的失利，使得秦昭襄王更加恼怒。他下令将白起赶出都城，押往阴密。

当白起路过杜邮地区时，秦昭襄王命人带上宝剑令白起自尽。白起拔剑自尽前，不由得仰天长叹："我白起究竟是什么地方得罪了上天，竟然会落得如此境地！"一代名将就这样自杀身亡。

白起被逼自尽数十年之后，秦国又出现了一位名将，他的名字叫作王翦。

【原著精摘】

　　秦王乃使使者赐之剑，自裁。武安君引剑将自刭[1]，曰："我何罪于天而至此哉？"良久，曰："我固当死。长平之战，赵卒降者数十万人，我诈而尽阬之，是足以死。"遂自杀。

【注释】

①自刭：自尽。

【译文】

　　秦王派遣使者赐给白起一把剑，令他自杀。武安君拿着剑自尽前说道："我究竟有什么罪过，上天要让我落得如此结果？"过了一会儿，他又说："我的确该死。长平之战，赵国士兵几十万人投降，我用欺诈的手段将他们全部活埋，这足够死罪了。"随即自杀。

横扫中原：功劳卓著善自保

带着问题读《史记》

王翦为何多次要房子要地？

⊙ 横扫三晋，却因一句话辞官回家

王翦（jiǎn）是频阳东乡人，年轻的时候酷爱兵法，很早就侍奉秦王政（即后来的秦始皇），深得秦王政的宠信。

秦王政十一年（公元前 236 年），王翦奉命出征，进攻赵国的阏（yān）与地区。王翦顺利攻克该地，随后接连夺取了赵国的九座城邑。

到了秦王政十八年（公元前 229 年），王翦被秦王政任命为统帅，征讨赵国。经过一年的征战，王翦终于占领邯郸，赵王投降，赵国纳入秦国的版图。曾经辉煌一时的赵国宣告灭亡。

秦王政十九年（公元前 228 年），燕国派出刺客荆轲来到秦国行刺，事泄被杀。秦王政大怒，下令王翦率军讨伐燕国。

王翦率大军在燕国进展顺利，在易水河地区重创燕军主力，燕王喜逃往辽东。随后，王翦攻克了燕国都城蓟城，大军凯旋。

秦国派王翦之子王贲攻楚，楚军大败。在回军途中，王贲发兵攻魏。魏军不堪一击，很快被王贲歼灭，魏王宣布投降。至此，魏国被王贲灭亡。

连续两年多的征战，秦国灭亡了三晋，使得秦王政一统天下的雄心越发强烈。他打算继续出兵灭掉楚国。

为此，他找来了秦军的年轻将领李信，询问需要多少兵力才能灭掉楚国。李信回答二十万人足够了。秦王政又问王翦，王翦回答一定要六十万兵力才行。

最终，秦王政相信了李信的判断，命李信与将领蒙恬率领二十万秦军征讨楚国。同时，他还当众表示："王翦将军看来是年纪大了，要不然不会变得如此胆怯。还是李信将军果断勇敢。"

听了秦王政的这番言论，王翦托病辞官，回到故乡频阳养老。

◎ 一边出征，一边要房子要地

秦王政二十二年（公元前225年），秦国征讨楚国的战事开始。李信与蒙恬所率领的二十万大军兵分两路，李信攻占平与、鄢郢，蒙恬则在寝丘一带击败楚军，两支大军在城父一带会师。

不过，令李信、蒙恬没有想到的是，秦军的胜利不过是楚国的诱敌之策，楚军主力一直尾随秦军之后等待时机。

三天之后，楚军突然发动攻击，秦军猝不及防，两个营寨被破，七位都尉阵亡，秦军伤亡惨重，只得仓皇而逃。

得知秦军失利，秦王政意识到局势的严重性。他想起了主张用六十万大军伐楚的王翦，自己立刻亲自策马来到频阳与王翦见面。

秦王政向王翦谢罪说："寡人没有采纳将军的建议，导致李信兵败楚国。听说楚军的攻势越来越猛，我军情况危急。将军虽然患病，难道忍心在此危难之际背弃寡人吗？"

王翦连忙谢罪道："微臣体弱多病，脑子也糊涂了，还是请大王另请良将吧！"

秦王政回答："寡人已经做出了决定，一定要让将军挂帅，将军就不要推辞了。"

王翦见秦王政态度坚决，便点了点头，说道："大王如果要微臣领兵伐楚，那就一定要给微臣六十万军队才行。"

秦王政也点头答应了。

于是，秦王政征调了六十万大军交给王翦，并亲自来到灞上为大军送行。

临行前，王翦突然向秦王政索要很多的良田和庄园。秦王政非常疑惑，问王翦："将军马上就要与楚国交战了，怎么这时候还提出这样的要求？"

王翦笑着说道："作为大王的将军，即使有功也不一定能封侯，所以趁着大王现在还信任微臣，微臣赶紧要点良田和庄园作为留给子孙们的产业。"

秦王政哈哈大笑，当即应允。

等王翦率领六十万大军来到秦国边境的函谷关时，他又先后五次上奏，请求秦王政赐予自己更多的良田和庄园。这个举动令王翦的心腹们非常不安。

有人对王翦说："将军的要求是不是太过分了？"

王翦哈哈一笑，说道："你说错了。秦王政为人残暴而多疑，对人极不信任。如今他将秦国的士兵全部交给了我，如果我不多向他要点财产，以示我除了财物之外再无所求，又怎么能让他放心我呢？"

> **画外音：**王翦之所以在开战前向秦王政索要良田和庄园，并非贪婪，完全是为了消除秦王政的猜忌之心。从这一举动来看，王翦的处世之道比白起要高明得多。

◉ 灭亡楚国，安享晚年

秦王政二十三年（公元前 224 年），王翦的六十万大军终于越过了秦国国境，开始了伐楚之战。

楚王听说王翦率军进犯，也调集了全国的所有兵力对抗。

王翦到达前线后，深沟高垒，坚守不出。楚军多次挑战，秦军都闭门不战。

就在两军对峙期间，王翦颁布军令，要求士兵每天都要洗澡，并要求保证士兵们每天的食物供应。王翦还经常来到士兵当中了解情况，嘘寒问暖，令士兵们非常感动，斗志日益高涨。

最终，王翦一声令下，秦军发动总攻，一举击溃楚军，并将楚军赶到蕲（qí）县，斩杀楚国大将项燕。随后，秦军先后占领楚国许多城邑，生擒楚王负刍，楚国亡国。

此后，王翦乘胜追击，向南征讨百越。与此同时，王翦的儿子王贲和将领李信又在其他战场发动进攻。到了秦王政二十六年（公元前221年），秦王政终于实现了天下统一，其中以王氏和蒙氏的功劳最大，名垂后世。

秦国统一天下后，王翦急流勇退，辞官归隐，回到家乡频阳，安享晚年。

【原著精摘】

王翦行，请美田宅园池甚众。始皇曰："将军行矣，何忧贫乎？"王翦曰："为大王将，有功终不得封侯，故及大王之乡①臣，臣亦及时以请园池为子孙业耳。"始皇大笑。

王翦既至关，使使还请善田②者五辈③。或曰："将军之乞贷④，亦已甚矣。"王翦曰："不然。夫秦王怚而不信人⑤。今空秦国甲士而专委于我，我不多请田宅为子孙业以自坚⑥，顾令秦王坐而疑我邪？"

【注释】

①乡：亲近。

②善田：良田。

③五辈：五次。

④乞贷：乞求良田和庄园。

⑤怚而不信人：粗暴而多疑。

⑥自坚：使秦王政对自己坚信不疑。

【译文】

　　王翦临行之时，请求秦王政赐予众多良田、庄园、池塘等。秦王政说："将军马上就要出发了，怎么又担忧会受穷呢？"王翦说："作为大王的将领，即使有功劳也不能封侯，所以趁着大王现在特别器重我，我趁早赶紧要点良田和庄园作为留给子孙们的产业。"秦王政听了哈哈大笑。

　　王翦到达关口，又接连五次派人向秦王政请求赐予良田和庄园。有人对王翦说："将军如此索取良田和庄园，是不是太过分了？"王翦说："你说错了。秦王性情粗暴而且对人多疑，现在把全国的兵力委托给我，我不多请求赏赐田宅给子孙们置份家产使大王对我坚信不疑，难道让秦王怀疑我吗？"

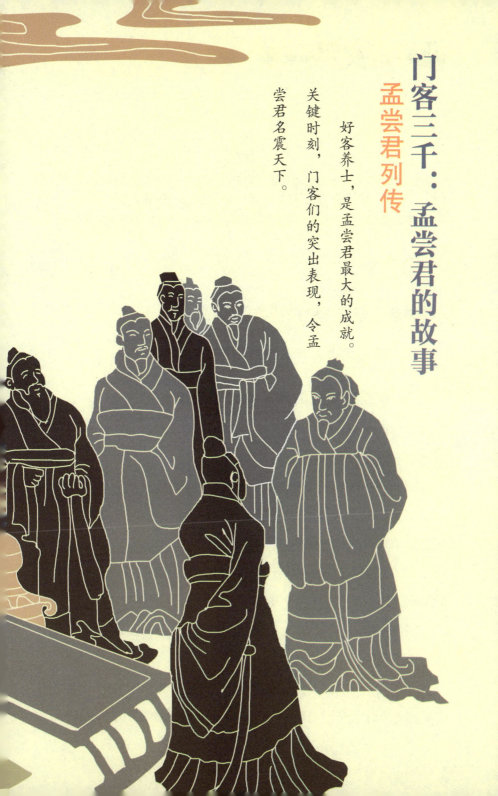

门客三千：孟尝君的故事

孟尝君列传

好客养士，是孟尝君最大的成就。关键时刻，门客们的突出表现，令孟尝君名震天下。

名满天下：鸡鸣狗盗为脱险

带着问题读《史记》

孟尝君的父亲为什么要遗弃他？

◎ 差点被弄死的孩子却成了继承人

孟尝君名叫田文。他的父亲名叫田婴，是齐威王的幼子，也是齐宣王同父异母的兄弟。

田婴在齐威王时期担任要职，曾有过与成侯邹忌、田忌等人一起援救韩国、攻打魏国的辉煌经历。后来，他又与孙膑等人一起杀死了名将庞涓，成了齐国的一位名臣。

到了齐宣王时期，田婴继续受到重用，在齐国担任了十余年的国相之职。他位高权重，封地在薛，封号为靖郭君。

田婴一共有四十多个儿子，孟尝君田文是田婴的一个小妾所生，日子是五月初五。

不过，就在田文出生的那一天，田婴却要求田文的母亲将田文遗弃。幸好母亲没有听从田婴的话，而是偷偷将田文养大成人。

等田文长大后，母亲才拉着田文去见田婴。田婴非常生气，当众发怒。

此时，田文开口问："您为什么要让母亲遗弃我呢？"

田婴没好气地回答："五月出生的孩子，长到与大门一样高的时候，将给父母带来灾难。"

田文又问："一个人的命运，究竟是上天赐予的，还是家族的大门赐予的呢？"

田婴张口结舌，一时回答不上来。

田文接着又说："如果人的命运是上天赐予的话，您又何必担忧？如果是家族的大门赐予的，只要将大门加高就可以了。"

田婴一听，觉得很有道理，只好说："算了。"从此，田文正式成为田氏家族的成员。

过了一阵子，田文又去找田婴。他问父亲："儿子的儿子叫什么？"

田婴回答："孙子。"

田文又问："孙子的孙子又叫什么？"

田婴答："玄孙。"

田文再问："玄孙的玄孙又叫什么呢？"

田婴不耐烦了，说："不知道！"

田文看出了父亲的不耐烦，却不慌不忙，继续说："你在齐国位高权重，历经三代君主，但齐国的疆域并没有得到扩张，而您的财富却越来越多，只可惜门下没有一个有用之才。

"如今您的妻妾们可以糟蹋绫罗绸缎，而有才能的人却连粗布衣服都穿不起；您的仆人们有剩余的饭食肉羹，而有才能的人却忍饥挨饿。您现在整天还在厚敛积财，却不知国家正在日益衰落。儿子觉得很不理解。"

田婴听完儿子的这一番话，很是惊讶，从此对田文的态度有了很大的转变，并让他主持家务，接待宾客。

从此，田家的名气在田文的操持下越发响亮，宾客一天比一天增多，名气也随之传遍各大小诸侯国。不少人向田婴提出，立田文为世子，继承封邑。看到儿子田文的能力如此出色，田婴也满口应允。

几年后，田婴病逝，田文继承了父亲的封邑，后来被称为孟尝君。

◎ 苏代出言劝谏孟尝君

孟尝君在自己的封地大量招揽各诸侯国的门客，甚至连一些犯罪逃亡之人也纷纷前来投靠他。对此，孟尝君一视同仁，散尽家财隆重接待。因此，天下人都非常仰慕孟尝君，他门下的宾客也越来越多，达到了数千人。

有一次，孟尝君陪宾客们一起吃饭。席间有一位宾客认为自己的饭食比其他人差，非常生气，便起身离席告辞。孟尝君连忙站了起来，拿着自己吃的饭给他看，结果是一模一样。这位宾客感到非常羞惭，立即自杀谢罪。

　　这件事情一经传开，引起很大反响，很多读书人纷纷依附。孟尝君也像往常一样热情接待。

　　孟尝君的名气很快引起了秦昭襄王的注意。他派弟弟泾阳君到齐国做人质，并传话希望孟尝君能到秦国与自己见面。

　　对于是否前往秦国去见秦昭襄王，孟尝君与其宾客之间的意见出现了很大的分歧。孟尝君不假思索，表示愿意前往秦国，但其门客和好友却建议他不要草率从事。

　　好友苏代对孟尝君说："今天早上我来的时候，曾听到木偶与泥偶之间的一番交谈。木偶说：'要是下雨的话，你将会完蛋。'而泥偶回答：'我生于泥土，就算完蛋，也是重归泥土。而你就不同了。要是下雨的话，你将会被冲走，甚至不知道最终的归宿在哪儿。'

　　"如今的秦国就像虎狼一样，而您却坚持要前往，如果回不来，岂不是像木偶一样被泥偶耻笑吗？"

　　苏代的这番话，令孟尝君顿时醒悟，这才打消了前往秦国的念头。

◎ 鸡鸣狗盗原来是脱险之策

　　到了齐湣王二十五年（公元前 299 年），齐湣王命孟尝君出使秦国，秦昭襄王终于见到了仰慕已久的孟尝君，并立即下令册封孟尝君为秦国国相。

　　不过，秦昭襄王的这一任命却引起了部分秦国朝臣的不满。有人对秦昭襄王说："孟尝君的才能众所周知，但他毕竟是齐国

的宗室，如今就任秦国国相，一举一动必然会先为齐国考虑，而后才会考虑秦国。如此一来，秦国也就危险了。"

这番话使得秦昭襄王警惕起来。他放弃了任命孟尝君为秦相的想法，并将他监视起来，准备伺机加害。

发觉自己的处境越来越险恶，孟尝君便命人秘密求见秦昭襄王的宠姬，向她求救。

这名宠姬对孟尝君的印象非常不错，答应施以援手，但提出一个条件，要孟尝君以一件价值千金的白狐皮袍相赠。不过，这件白狐皮袍世间罕有，孟尝君来到秦国时已经送给了秦昭襄王，当世没有第二件。

对这个条件，孟尝君非常为难，便向随行的门客问计，众人一筹莫展。此时，一位当过小偷的门客拍着胸脯："我有办法拿到这件白狐皮袍。"

当晚，这位宾客乔装成狗，混进了秦宫的库房，将孟尝君献给秦昭襄王的白狐皮袍偷了出来。

随后，孟尝君将其献给了秦昭襄王的宠姬。宠姬遵守承诺，在秦昭襄王面前为孟尝君求情。最终，秦昭襄王下令解除了对孟尝君的监视。

孟尝君脱身之后，立即带着门客连夜逃走。途中，孟尝君更换了通行证件，改名换姓，偷偷向齐国飞驰。

另一边，秦昭襄王后悔放走了孟尝君，命人去找，却发现他已经逃走，于是连忙派人前去追赶。而此时的孟尝君已经跑到了函谷关。

按照秦国的法令，函谷关的开关时间是在鸡鸣之后。孟尝君担心追兵很快会赶到，便让一位擅长口技的门客学鸡叫。不久，函谷关一带的鸡都叫了起来。守卫听到鸡叫，便打开了城门，孟尝君一行终于出了关，离开了秦国。

没过一会儿，秦国的追兵赶到了函谷关，发现孟尝君已经离开秦国国境，只好空手而回。

当初，孟尝君收留这两位鸡鸣狗盗的门客时，其他门客都觉得这是对自己的一种侮辱，不愿与两人来往。但此次孟尝君脱离险境，却是因为这两人的功劳。从此，所有的门客都更加佩服孟尝君知人才、有远见。

画外音：孟尝君招揽门客不讲究对方的出身，只注重能力。因此，在孟尝君门下才出现了鸡鸣狗盗之徒。这也是孟尝君的不凡之处。

晋封齐相

孟尝君历经艰难，终于回到了齐国。齐湣王见到孟尝君，非常后悔当初派他出使秦国，同时对孟尝君的机智、勇敢非常佩服。于是，他拜孟尝君为齐国国相，执掌齐国政务。

对于在秦国遭受的耻辱，孟尝君耿耿于怀。于是，在就任齐相后，他便立志联合各诸侯国的力量对抗秦国。

不久后，孟尝君提出向西周借武器和军粮，帮助韩国和魏国联合抗秦。

此时，昔日好友苏代再次对孟尝君的做法提出劝谏。苏代说："当初您用齐国的军事力量帮助韩国和魏国攻打楚国，虽然夺取了宛、叶两县以北的土地，但齐国没有得到任何的好处，反而壮大了韩国和魏国。如今您又要联合他们进攻秦国，无疑又会增强两国的实力。假如韩国和魏国既没有了楚国的威胁，也不再惧怕秦国，那么齐国反而危险了。我真为您感到担心啊！"

说到这里，苏代看了看孟尝君，发现虽然孟尝君的脸色不太好看，但已被自己的话所打动，便继续说道："为今之计，不如让西周与秦国维持良好的关系。您既不用进攻秦国，也不用向西周索要兵器和军粮，只需让西周将您的意图转达给秦昭襄王，就说您之所以想要进攻秦国，是想让楚国将东边的土地割让给齐国，秦国必须释放楚怀王，才能避免刀兵之祸。"

孟尝君一听，立刻产生了浓厚的兴趣。

苏代接着表示："一旦这个计策成功实施，既可以让西周有恩于秦国，也能使秦国不遭受攻击，同时齐国也得到了楚国东边的土地，楚怀王又会感恩齐国，韩国和魏国也不得不更加依赖齐国，可谓一举数得的良策。这样一来，不但齐国更加强盛，您在齐国也会更受尊奉。"

孟尝君大喜，他按照苏代的计策实施，一场战事果然由此消弭于无形之中。但秦国却最终没有释放楚怀王。

【原著精摘】

　　孟尝君曾待客夜食，有一人蔽火光^①。客怒，以饭不等，辍食辞去。孟尝君起，自持其饭比之。客惭，自刭^②。士以此多归孟尝君。

【注释】

　　①蔽火光：背着火光，躲在阴影里进食。
　　②自刭：抹脖子自杀。

【译文】

　　孟尝君在夜里招待宾客吃饭，有人遮住了火光，躲在阴影里进食。宾客很恼火，认为每人的饭食不一样，没有吃完便起身告辞。孟尝君站起来，端着自己的饭食与他相比。宾客惭愧得无地自容，抹脖子自杀谢罪。士人们因此都情愿归附孟尝君。

掌权执政：巧借外力除政敌

带着问题读《史记》

孟尝君是如何重掌齐国大权的？

◎ 魏子的意外之举救了孟尝君

孟尝君在齐国整日忙于国事，无暇管理自己的封地，便派门客魏子替自己收取封地的租税。可后来孟尝君追问了三次，租税却一直没能收上来。孟尝君很不高兴，命人叫来魏子，当众斥责他。

不料，魏子神情淡定地回答说："租税我已经收上来了，不过我私自做主用您的名义将它送给了一位贤士。"

孟尝君大怒，下令将魏子赶走了。

数年之后，孟尝君遭奸人陷害，齐湣王对孟尝君产生了猜忌之心。到了公元前294年，齐国发生叛乱，田甲挟持齐湣王，图谋不轨。虽然事件很快被平息，但齐湣王却认为此事受孟尝君背后指使，孟尝君被迫逃走。

就在这时，当初魏子赠送租税的贤人听说孟尝君被冤枉，上书齐湣王，表示愿意用自己的性命担保孟尝君并没有参与谋反，并在齐湣王的宫殿门前自刎。

齐湣王非常吃惊，派人进行了详细调查，最终也证明孟尝君的确没有参与谋反，于是便召回了孟尝君。不过，经此一劫，孟尝君借口自己年老多病，请求回到封地养老，齐湣王也答应了孟尝君的请求。

◉ 利用秦国铲除政敌

过了几年，从秦国逃亡齐国的将军吕礼成了齐国的国相。他想要为难孟尝君的好友苏代。

苏代对孟尝君说："当初周最对齐国非常忠心，齐湣王却将其驱逐出境。如今齐湣王听信亲弗之言，任用吕礼为国相，是想要结交秦国。一旦齐国与秦国结盟，你在齐国的地位就会不保。

"因此，您不如带领军队到北方去攻打赵国，与韩国、秦国交好，然后召回周最，以彰显您的宽厚仁慈。这么做既可以挽回齐王对您的信任，又可以防止齐国与秦国结盟，亲弗在齐国就无法立足。如此一来，除了您之外，齐王又能依靠谁来治理国家呢？"

孟尝君采纳了苏代的建议，结果却遭到了吕礼的忌恨。孟尝君感到害怕，心里有些担心。

于是，他写信给秦国的国相魏冉，说："我听说秦国想利用

吕礼达成与齐国结盟的目的，这目标一旦实现，吕礼必定担任齐国和秦国两国的国相，您的地位也会因此受到极大的威胁。与其如此，还不如建议秦王出兵攻打齐国。因为一旦齐国失败，您居功至伟，一定会受到秦王的重用。"

最终，魏冉接受了孟尝君的建议，力劝秦昭襄王出兵进攻齐国。齐湣王勃然大怒，追究吕礼的责任。吕礼惊慌失措，不得不逃离了齐国。

> **画外音：** 孟尝君利用了秦国国相魏冉担心失去权力的心理，巧妙设计，终于达到了赶走吕礼重掌齐国大权的目的。

◎ 冯谖奇特的收债方式

孟尝君担任齐相期间，很多人前来投奔，其门客的数量达到了三千多人，其中有一位名叫冯谖（huān）的魏国人也来到薛地投奔孟尝君。

孟尝君与冯谖见面后，发现他穿着一双草鞋，心中非常诧异，开口问："您长途跋涉来到这里，请问有什么指教？"

冯谖直截了当地回答："我听说您非常好客，而我非常贫穷，想在您门下做个食客而已。"

于是，孟尝君便将他安置在下等门客居住的地方。过了十天，孟尝君问住所的管理员："冯谖这几天在干什么？"

管理员回答："冯先生非常贫穷，只有一把草绳缠把的宝剑，他经常用手弹着剑唱'长剑啊长剑，我们还是赶紧回去吧，吃饭的时候连鱼都没有'。"

孟尝君听罢哈哈大笑，命人将冯骥转到中等门客居住的地方。

过了五天，孟尝君又向管理员打听冯骥。管理员回答："冯先生又在弹剑高唱'长剑啊长剑，我们还是回去吧，出门连个马车都没有'。"

孟尝君又将冯骥转到上等门客的住所，让冯骥每次出门都能坐上马车。

又过了五天，孟尝君第三次打听冯骥。管理者回答："冯先生弹剑高唱'长剑啊长剑，我们还是回去吧，没办法养家'。"

这一次孟尝君很不高兴，而冯骥也不再弹剑，默默地住下。

一年后，孟尝君打算派人在薛地收债。手下人认为冯骥仪表堂堂、能言善辩，应该让他负责此事。

于是，孟尝君请来了冯骥，对他说："如今我门下的宾客有三千多人，我封地的收入不够奉养他们。因此我在一年前放贷给薛地的百姓，收取利息，增加收入。可今年薛地的收成不好，百姓还不了利息。这个问题不解决，三千门客的衣食住行都会受到影响。希望您能帮我解决这个难题。"

冯骥回答："好。"

冯骥告别孟尝君，来到了薛地，他召集了向孟尝君贷款的百姓，收上了十万利息，之后又用这些钱买了好酒好肉，又将所有贷款

的百姓召集到一起，大吃大喝。

席间，冯骧拿出契据与众人一一核对，凡是能偿还利息的，就与他们约定了一个期限，凡是无法及时偿还的，就当众烧毁契据。此后，冯骧对众人说："孟尝君贷款，是为了贫困者能够有能力进行农业生产。之所以要大家还债，是因为孟尝君目前的收入无法奉养门客。如今有能力偿还贷款的，咱们约定一个还款期限。没能力偿还的，放心，契据已经烧掉了，债务免除，大家可以开怀畅饮了。有这样的好主人，大家又怎么会背叛他呢？"

在座的百姓都激动万分，接连跪拜多次以示感谢。

不过，当孟尝君听说冯骧烧掉了契据，气愤不已。他派人找

回冯谖，并怒斥了他。

冯谖不慌不忙地回答："不准备好酒好肉，就无法让所有欠债的百姓都凑齐，也就没办法了解哪些人有钱还债，哪些人无力偿还。对待有能力的人，我已经约定了还债的日期。而那些无力偿还之人，就算催十年也要不回来。

"他们欠下的利息越多，心里就会越发焦急，很有可能会逃往外地。这样一来，不但大臣们会认为您贪财好利，不懂得爱惜百姓，老百姓也会因被迫背井离乡而对您产生怨恨。我之所以烧掉了那些契据，就是想让贫困百姓感激您的恩德，彰显您的声誉。这对您又有什么坏处呢？"

孟尝君听了，拍手叫好，连忙向冯谖道歉。

⊛ 冯谖帮助孟尝君复位

孟尝君担任齐国国相多年，齐国的国力增强，却遭到秦国和楚国的仇视。两国到处散播孟尝君功高盖主、想架空齐王独揽大权的谣言。糊涂的齐王信以为真，将孟尝君罢免。

孟尝君被罢免后，其三千门客纷纷借故离开，只有冯谖不离不弃。不仅如此，冯谖还前往秦国游说秦昭襄王，谎称孟尝君被齐王罢免，心怀不满，希望秦昭襄王能用重金将孟尝君请到秦国为臣，借机削弱齐国。

秦昭襄王不明真相，听从了冯谖的建议，命人带着十辆上好的马车和黄金百镒，秘密前往薛地去请孟尝君。

此后，冯骥又将秦昭襄王邀请孟尝君的消息透露给齐王，并指出一旦孟尝君投靠秦国，对齐国将构成巨大危害。

在冯骥的努力下，齐王终于幡然悔悟，立即召见了孟尝君，恢复了他的国相之位，并增加了一千户作为孟尝君的封邑。

得知孟尝君重新得势，原本离开的门客们又纷纷回到了孟尝君的身边。

对此，孟尝君感叹说："我一向重视门客，对他们不敢有丝毫怠慢，因此门下有宾客三千多人。可他们看到我被免职，却纷纷背弃我而去，没有人愿意留下来协助我渡过难关。现在我官复原职，他们还有什么颜面来见我？"

冯骥却平静地说道："您说错了！世间万事万物都有其必然的规律。富贵之人，既有地位又有钱财，自然会有很多人依附；同样的道理，贫贱之人，他的朋友也必然很少，这是常理。

"难道您没有见过赶集的人吗？清晨时分侧着身体拼命挤进去，而到了黄昏再来集市的人则大摇大摆地走过去，根本不用担心拥挤。这并不是因为人们喜欢清晨而厌恶黑夜，而是因为黄昏时的集市已经没有了人们所需要的物品了。

"之前您失去了相位，门客们纷纷离开，情况与集市的道理是一样的。您不应该责怪他们，断绝与门客的来往。希望您还能像以前一样对待门客们。"

孟尝君听完冯骥的话，恍然大悟，再三拜谢道："先生的指教令我茅塞顿开，我一定会听从您的建议！"

【原著精摘】

　　吾尝过薛，其俗间里①率②多暴桀③子弟，与邹、鲁殊。问其故，曰："孟尝君招致天下任侠④，奸人入薛中盖六万余家矣。"世之传孟尝君好客自喜，名不虚矣。

【注释】

　　①间里：乡里、民间。

　　②率：大概，大多是。

　　③暴桀：刚猛、桀骜不驯。

　　④任侠：好打抱不平。

【译文】

　　我曾经到过薛地，从那里的民俗来看，无论城镇还是乡村大多是性格刚猛、桀骜不驯的青少年人，这与邹、鲁两地的情况大为不同。我向当地人询问原因，他们说："孟尝君延揽天下好打抱不平的宾客，不少作奸犯科、为非作歹的人也随之而来，大概有六万家之多。"世代相传孟尝君以好客自居，看来真是名不虚传啊！

杀妾留士：平原君的故事

平原君虞卿列传

毛遂自荐，令平原君扬名楚国。

散尽家财，鼓舞人心，力保邯郸不失，

让平原君成为赵国的英雄。

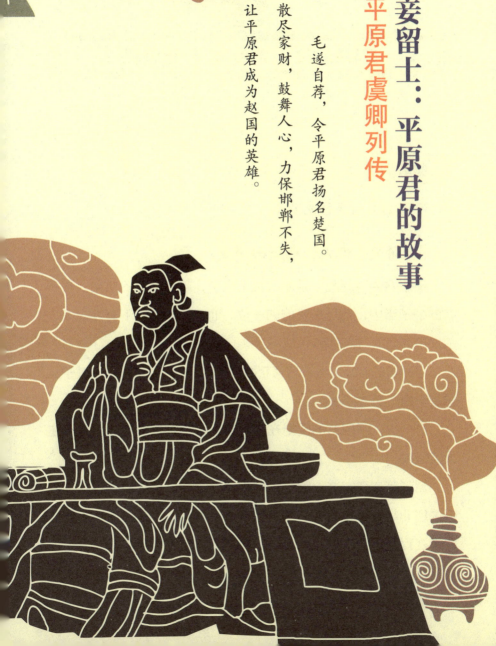

有错必改：杀妾留名受爱戴

带着问题读《史记》

平原君为何要杀死爱妾？

耻笑残疾人，后果很严重

平原君名叫赵胜，是赵武灵王之子，赵惠文王的弟弟。在所有的公子当中，他是最贤能的一位。他喜欢结交天下有才之人，前来投奔他的门客有数千人。

平原君的府邸紧挨着普通百姓的住宅。有户人家里有个跛子，总是一瘸一拐去打水。

有一次，平原君的爱妾在屋中看到跛子笨拙的样子，忍不住大笑起来。

到了第二天，这位跛子来到平原君家中，对平原君说："我听说您非常好客，门客们都不远千里来投奔您，是因为您对他们的重视程度远胜于自己的妻妾。我不幸身患残疾，但您的爱妾却嘲笑我。我请求您将她杀死。"

平原君一愣，笑着回答："好的。"

等跛子走后，平原君又笑着说："这小子就因为我爱妾一笑，就要我将爱妾杀死，这也太过分了。"

最终，平原君没有兑现自己的承诺杀死爱妾。

过了一年多，平原君突然发现，自己的门客都纷纷离他而去。他非常诧异，问："我赵胜从来不会亏待门客，为什么有这么多人会离开我呢？"

有位门客忍不住告诉平原君："这是因为您没有杀掉那位嘲笑跛子的爱妾，大家都认为您只重视美女而忽略士人。因此，他们纷纷选择离开您。"

平原君恍然大悟，立即杀死了自己的爱妾，并亲自登门向跛子道歉。从此之后，门客们又都陆陆续续回来了。

画外音：当时，齐国有孟尝君，魏国有信陵君，楚国有春申君，赵国有平原君。他们都非常喜欢养士，相互竞争，看谁招揽的人才多。因此被称为"战国四君子"。

【原著精摘】

平原君怪之，曰："胜所以待诸君者未尝敢失礼，而去者何多也？"门下一人前对曰："以君之不杀笑躄①者，以君为爱色而贱士，士即去耳。"于是平原君乃斩笑躄者美人头，自造门进躄者，因谢焉。其后门下乃复稍稍来。

【注释】

①躄：跛，脚瘸。

【译文】

平原君非常奇怪，说："我赵胜对待各位从来没有失礼，可为什么那么多人离开我？"一位门客回答："因为您不杀耻笑跛子的小妾，大家认为您看重美色轻视士人，所以纷纷离去。"于是平原君砍下小妾的头，亲自登门当面向跛子谢罪。宾客们又陆续重新回到平原君身边。

毛遂自荐：不辱使命结同盟

带着问题读《史记》

毛遂为何能不辱使命？

毛遂自荐

长平之战结束后，秦国围攻赵国都城邯郸，赵国形势危急。赵惠文王派遣平原君作为使者前往楚国求援，平原君决定从门客中选拔二十位有勇有谋之人一起前往。

平原君对门客们说："如果我能以和平的方式达成目标，那是最好不过。如果不行，也一定要在楚国的宫殿中与楚王歃血盟誓，签订盟约之后再回来。随行人员不用太多，也不用到处招募，就从我的门客中挑选就行了。"

可平原君挑来选去，只有十九人符合要求，就缺一人。

这时，有位名叫毛遂的门客来到平原君面前自我推荐。他对平原君说："我听说您已经选好了十九人，尚缺一位。希望您能让我补缺。"

平原君问："您在我门下的时间有多久了？"

毛遂回答："已经三年多了。"

平原君对毛遂说："贤人活在世间，就像一把铁锥放在袋子里，尖锐之处会立即显露出来。您在我门下已经三年时间，我的随从没有一人夸赞过您，我也从来没听说过您有什么长处，可见您并没有多大的才能。我看您无法胜任，还是留在家中吧。"

毛遂反驳道："如果您能早点将我放进袋子里，相信整个铁锥都会露出来，而不仅仅是只露出尖锐之处。"

毛遂的话说服了平原君，二十位随从整装待发。不过，另外十九位门客相互会意地笑了笑，都没把毛遂放在眼里。

🌸 毛遂以一己之力扭转局面

从赵国到楚国的路上，二十位门客一直在讨论应对之策。此时的毛遂非常活跃，与其他门客交流看法。直到这时，十九位门客才惊奇地发现，原本不起眼的毛遂的确与众不同，提出的观点令人耳目一新。十九人立刻改变了对毛遂的看法，对他佩服不已。

平原君一行来到楚国，立即与楚王会面，反复向楚国说明合纵联盟的重要性，但楚王始终没有同意平原君的提议。会谈也从早上谈到了中午，一直没有结果。

这时，其他的十九位门客对毛遂说："请先生上去说说看。"

毛遂一口应允，他左手提着宝剑，右手握住剑柄，快步上前，高声对平原君说："合纵的利弊，一两句话就能说清楚。如今从早上谈到了中午，却依然无法做出决定。这究竟是什么原因？"

楚王问平原君："这位客人是干什么的？"

平原君回答："他是我的门客。"

楚王高声斥责道："还不快点下去！我在和你的主人说话，你来做什么？"

不料，毛遂不但没有退下，反而手持宝剑走到楚王面前，高声说道："大王之所以呵斥我，无非是仰仗楚国人多势众罢了。如今我与大王相距不过十步。十步之内，人多势众对您来说毫无用处，您的生死现在掌握在我的手中。我的主人就在您的面前，您这样呵斥我是何道理？

"我听说古代商汤仅凭七十里的土地最终统一了天下，周文王也仅仅靠着一百里的土地让诸侯俯首称臣。他们成就大业难道就是靠着人多势众吗？非也！他们依靠的是审时度势。

"如今，楚国拥有五千里疆土、百万雄师，这是称霸天下的资本。以楚国的强大，放眼天下也没有对手。秦国将领白起不过是个毛头小子而已，但是他率领数万军队，竟然敢与楚国作战，第一战就拿下了鄢、郢两地，第二战又焚毁了楚国的夷陵，第三战甚至侮辱了您的先人。楚国遭受如此奇耻大辱，连我们赵国都为您感到羞耻。您身为楚国国君，为何反倒没有丝毫羞愧。这又是什么道理？

"合纵这件事情，并非为了我们赵国，主要是为了楚国。我家主人长途跋涉来到贵国，为的就是协助大王报仇雪耻。而大王却不分轻重，当着我家主人的面呵斥我，这究竟又是为了什么？"

楚王听完毛遂的话，连忙向毛遂道歉，说："先生说得是，我愿意立即与贵国合纵联盟，共同抗击秦国！"

毛遂追问："大王下定决心了吗？"

楚王回答："是的，就这么定了！"

毛遂见状，对楚王的随从说："快拿鸡、狗、马的血来！"

随后，毛遂捧着铜盘，跪着献给楚王说："大王您应该先歃血以示对合纵的诚意，其次才是我的主人，再次是我。"

就这样，毛遂以一己之力实现了赵国与楚国的合纵联盟。

平原君与毛遂等人一起回到赵国，平原君当众表示："以后我再也不会轻易品评其他人了。我品评过的人，多则数千，少则几百。我一直认为自己从来没有看错人，可如今却发现自己的眼光并不准，看错了毛遂。毛先生以一己之力实现了赵国与楚国的联合，这份功绩使得赵国的威望胜过九鼎和大吕黄钟。毛先生的三寸之舌，胜过百万雄师！"

从此，平原君拜毛遂为最上等的宾客。

画外音：平原君没有说服楚王，关键之处在于没有从楚国的角度分析合纵的好处。而毛遂不仅抓住了问题的要害，所言有理有据，同时还震慑住了楚王，因此达到了与楚国签订盟约的最终目的。

【原著精摘】

平原君曰："夫贤士之处世也，譬若锥之处囊中，其末立见①。今先生处胜之门下三年于此矣，左右未有所称诵，胜未有所闻，是先生无所有也。先生不能，先生留。"毛遂曰："臣乃今日请处囊中耳。使遂蚤得处囊中，乃颖脱而出，非特其末见而已。"

【注释】

①其末立见：锥子尖立刻就会露出来。

【译文】

平原君说："有才能的人活在世上，如同锥子放在口袋里，锋尖会立即显露出来。而先生在我门下三年，我的随从们从来没有夸奖、称赞过你，我也从来没听说过你，可见先生你没有什么长处。先生不能去，还是留下来吧。"毛遂说："我今天就是请您将我放在口袋里啊。假使您早点将我放在口袋里，整个锥子都会露出来，又何止是只露出锥尖而已。"

护国有功：从善如流美名扬

带着问题读《史记》

平原君是如何保住邯郸的？

◎ 散尽家财，死守邯郸

平原君回到赵国不久，楚王便派遣春申君率军赶来救援，魏国的信陵君也率军前来增援赵国。但在他们的援军到达之前，秦军增强了对邯郸城的攻势。邯郸城形势危急，随时都有城破的危险，平原君心急如焚。

此时，邯郸传舍吏的儿子李同来到平原君府中。

李同对平原君说："您就不担心赵国灭亡吗？"

平原君生气地回答："如果赵国灭亡了，我就会成为俘虏，我怎么能不担心呢？"

李同却不以为然地说："如今邯郸城中的百姓吃不饱穿不暖，已经到了拆下死人的枯骨当柴烧，互相交换儿女烹食的地步。而您家中的数百妻妾和侍女，个个锦衣玉食，用之不尽。城中百姓没有兵器，只能削尖木头当兵器，但您家的奇珍异宝依然是琳琅满目、应有尽有。如果邯郸城破，您还能拥有这些东西吗？如果保住了邯郸城，您又何愁没有这些东西呢？"

平原君从李同的话中听出了弦外之音，不由得脱口而出："请您继续说下去。"

李同又说："您应该将自己的家产全部拿出来犒赏士兵，激励百姓。这么做会让士兵们感恩戴德，在战场上视死如归。也能令百姓踊跃参军，增加防御力量。"

平原君听从了李同的建议，散尽家财。他很快便招募到了三千敢死之士。随后，李同带着这三千人赶赴前线，与秦军展开激战，终于将秦军逼退三十里。

此时，楚国春申君和魏国信陵君的军队也及时赶到，最终将秦军击退，保住了邯郸城。令人惋惜的是，李同却在战斗中以身殉国。战后，赵王缅怀李同的功绩，册封李同的父亲为李侯。

> **画外音**：平原君最大的特点是从善如流，愿意听取别人的意见，改正自己的错误。这使得他能圆满完成与楚国签订盟约的使命，也成功守住了邯郸。

◎ 拒绝封爵

邯郸之战结束后，大臣虞卿认为平原君居功至伟，要求赵王增加平原君的封邑。对此，平原君非常开心。

不过，昔日平原君的门客公孙龙听说这事后，大为焦虑，连夜驾车来到平原君府中进行劝阻。

公孙龙对平原君说："我认为这么做非常不好。赵王提拔您为国相，并不意味着您的才能和智慧在赵国独一无二。当初赵王将东武城的土地赐予您，也并不意味着您的功劳有多大，而仅仅是由于您是国君近亲的缘故。

"依靠春申君、信陵君的大力协助，您才保住了邯郸城。虽然您有功劳，但请求封赏则非常不妥。因为您在没有功劳的时候作为国君的近亲接受过封赏，有功劳的时候又以普通人的身份来论功行赏，这么做会遭人诟病。

"况且，这个事件都是虞卿一手操办。一旦赵王接受了虞卿的建议，为您增加了封邑，那么他就会认为对您有功，会向您索要回报。一旦赵王不同意虞卿的建议，也会令您对他充满好感。虞卿这么做，并不是为了您，而是为了他自己。建议您千万不要听他的。"

最终，平原君没有听从公孙龙的建议，此事也就不了了之了。

不过，虞卿听说此事后，并没有向平原君解释事情的原委，也没有因此责怪公孙龙。在他的心目中，平原君合纵抗秦树立了榜样，他想以此与平原君建立良好的关系，为赵国的生存和发展做出贡献。

🏵 虞卿说服赵王

虞卿本是赵国中牟人士，长平之战前极力主张联合楚、魏等国抗击秦国。长平之战结束后，以楼昌为首的部分赵国大臣主张臣服秦国，遭到虞卿的强烈反对。

不过，赵王并没有采纳虞卿的建议，派郑朱出使秦国进行和谈，但秦国不但拒绝和谈，还出兵进攻邯郸。幸好平原君出使楚国说服楚王，最终在楚国、魏国的大力协助下，赵国都城才免于被秦军占领。

邯郸之战结束后，魏国派使者来到赵国，希望能与赵国签订合纵盟约。为此，赵王找来了平原君，咨询他的意见。此时的平原君对虞卿主张联合各诸侯国抗秦的想法非常赞同，便对赵王说："我想先听听虞卿的意见。"于是，赵王便命人将虞卿召至宫中。

虞卿到来后，赵王问他："魏国希望能与我们赵国签订合纵盟约，你怎么看？"

虞卿答道："如果这样的话，魏王就错了。"

赵王又说："我还没答应这件事呢。"

虞卿又答："如果这样的话，大王就错了。"

赵王莫名其妙，面带不悦地说："魏王要求与我们签订盟约，你认为魏王做错了；我说还没答应魏王，你又说我错了。那么合纵究竟是否可行呢？"

虞卿回答："微臣听说小国与大国打交道，如果成功则大国获益最多，如果失败则是小国遭殃。如今魏国作为小国情愿承担灾祸，而您作为大国却拒绝得到好处，所以我说您和魏王都错了。我认为合纵对赵国非常有利。"

赵王这才明白虞卿的真实用意。不久，赵王便与魏国签订了合纵盟约。

【原著精摘】

　　今坐而听秦，秦兵不弊①而多得地，是强秦而弱赵也。以益强之秦而割愈弱之赵，其计②故不止矣。且王之地有尽而秦之求无已③，以有尽之地而给无已之求，其势必无赵矣。

【注释】

　　①弊：疲劳，指不用作战。

　　②计：算计，理由。

　　③无已：没有止境。

【译文】

　　如今您平白无故顺从秦国，秦国不用作战便可得到土地，这是增强了秦国而削弱了赵国啊！让越来越强大的秦国来宰割越来越弱小的赵国，秦国的理由无穷无尽。再说您的土地有限，而秦国的要求没有止境。用有限的土地去满足无尽的贪欲，最终，势必导致赵国灭亡。